Contes libertins

Jean de La Fontaine

Contes libertins

Présentation et
choix de Louis Van Delft

Librio

Introduction

Le pouvoir des « bagatelles »

Première idée toute faite, juste et (comme toutes les autres) inexacte dans le même temps : « La Fontaine, l'auteur des *Fables* ». Oui, bien sûr, les Fables, plus que tout, lui ont valu d'entrer au « Temple de Mémoire ». Il en a produit – mais nullement comme le veut une tenace légende, aussi naturellement, facilement, que le pommier donne des pommes – pendant plus d'un quart de siècle (six premiers « Livres », 1668 ; ultimes pièces, dont la sorte de testament du « Juge arbitre, l'hospitalier, et le solitaire », 1693). Au vrai, cet auteur a répété : « Diversité, c'est ma devise ». Mais voilà aussitôt une autre demi-vérité, car cette règle, qu'on croit invariablement pouvoir appliquer à sa production littéraire, est proclamée dans un conte (« Pâté d'anguille ») tout ce qu'il y a de plus « libre », et définit un « art d'aimer », un idéal de variété... en matière de galanterie ! En réalité, La Fontaine s'est essayé, avec une persévérance rare, dans les genres les plus différents. Contes, lettres, traductions, relation de voyage, poésie religieuse, philosophique, scientifique... la seule constante est le constant désir de renouvellement.

Toutefois, au milieu de cette recherche si persévérante, qui est loin de traduire seulement le désir de profiter de toutes les occasions favorables, d'épouser au plus près l'évolution du goût du public, mais qui dénote aussi une quête du Beau pas si éloignée qu'on pourrait le penser d'une ascèse spirituelle, un genre littéraire émerge, tel une sorte de phare, signalant le port, l'unique objectif d'un voyage au si long cours. Très curieusement, ce point fixe, ce pôle magnétique, auxquels tout, continûment, ramène, ce ne sont point les fables, ce n'est point la Fable absolue, idéale, qui serait comme la quintessence et le principe du Beau sous toutes ses formes. Plus humblement, plus concrètement, l'œuvre à laquelle, de toutes ses forces, La Fontaine aspire, le genre dans lequel, plus que tout au monde, il rêve de s'illustrer... c'est celui du théâtre. Derechef, les idées reçues en prennent un coup.

Or, il se trouve que cette carrière d'auteur dramatique, si ardemment désirée... patatras ! n'a été (globalement) qu'une suite de déconvenues, de projets avortés, d'authentiques échecs, d'humiliations d'amour-propre et même de dures défaites. Rien n'y fit, pas même les tentatives pour conjurer le mauvais sort en tentant de séduire Fortune comme subrepticement : par exemple en se lançant dans des livrets d'opéras. Pas une seule fois, en dépit de tant d'efforts, le vrai succès ne fut au rendez-vous.

Saisissant paradoxe ! Cette sorte de proie qui, avec tant de malice, de malignité même, le fuyait, on la rencontre, dans l'ensemble de son œuvre, rigoureusement partout. Chaque fable est une scène de l'immémorial « théâtre du monde ». Le poète l'a pressenti et d'une certaine façon, expressément programmé : ces vers fameux du « Bûcheron et Mercure » – « ... faisant de cet ouvrage / Une ample comédie à cent actes divers / Et dont la scène est l'univers » – constituent, au-delà des douze Livres de ses *Fables*, comme l'emblème de sa production tout entière. Ainsi, pour peu qu'on y prête attention, on ne peut manquer de noter, dans les contes qu'on va lire, que le principal, souvent, du plaisir qu'on y prend, provient du comique des situations, de leur renversement, de la vivacité du mouvement et des dialogues, des caractères et des types, des canevas qui sont avec une belle fréquence ceux-là mêmes de la *commedia dell'arte*, de l'éternelle guerre des sexes décrite dans le registre même du *Cocu imaginaire*, de *L'École des femmes* ou de *L'Avare* de Molière.

Parmi tant de vraies-fausses idées qui courent sur La Fontaine, celle qui donne peut-être le plus à réfléchir se rapporte précisément à nos *Contes*. Elle nous ramène à la question d'une actualité si brûlante de la perte de mémoire, pour ne pas dire de l'amnésie, touchant notre passé, notre patrimoine culturels. Il est à peine imaginable aujourd'hui que ces pièces si savoureuses, si succulentes et – à nos yeux – si innocentes aient pu attirer à leur auteur, à côté d'un succès cette fois certain (pourtant limité surtout à la première des quatre séries qui parurent successivement en 1665, 1669, 1671, 1674), la cascade de critiques et de condamnations, à côté desquelles la censure qui frappa *Les Fleurs du mal* fut, somme toute, relativement peu de chose.

Plus d'un conte parut osé au point d'attirer l'attention de la police et de susciter une interdiction. Par la suite, ces délectables narrations valurent à leur auteur la suspension par le roi (Louis XIV) de son élection à l'Académie française. Assurément, ce n'était pas là une catastrophe, et le poète devait avoir en lui assez de ressources morales pour ne pas sombrer dans le désespoir. Gageons que bien plus pénibles lui ont été les termes de « saletés » et d'« ordures » dont son ancien condisciple Furetière fut loin d'être le seul à affubler ses charmantes « bagatelles ». Au demeurant, l'épisode de l'Académie, sorte de prologue à la pièce bien plus sérieuse qui allait se jouer bientôt, se dénoua d'heureuse façon, puisque La Fontaine finit par être de l'illustre Compagnie (1684). Mais ce ne fut vraisemblablement pas sans qu'il prît l'engagement, auprès d'un des prélats que les quarante Immortels comptaient dans leurs rangs, de ne plus produire, pour le restant de ses jours, d'aussi inacceptable littérature. Dans une ballade au Roi, il s'était déclaré prêt à « déférer aux leçons » reçues et était allé jusqu'à qualifier ses contes de « sornettes »...

Trahit sua quemque voluptas, chacun est entraîné par la pente de son plaisir, disaient les Anciens, si chers au cœur de notre auteur. La Fontaine eut l'inexpiable tort de ne pas s'en tenir à son engagement (lui qui se montra toujours d'une indéfectible fidélité à son protecteur Foucquet, tombé en disgrâce) et de publier encore de ses « bagatelles ». Pour notre plus grand bonheur à nous, « modernes ». L'un des pouvoirs du temps, lui, ne vit pas du tout la chose du même œil. Cette fois entra en scène une puissance beaucoup plus hégémonique, douée de bien plus d'autorité encore (il est devenu très difficile, aujourd'hui, de se représenter sa force immense) que le pouvoir temporel : l'Église. Il se trouva que la santé du poète déclinait. On dépêcha auprès de lui, ou plutôt on attacha à sa personne, car ce n'est en aucune façon d'un simple entretien qu'il s'est agi, un prêtre, l'abbé Pouget. C'était un jeune oratorien, tout pénétré de l'importance de sa mission : sauver l'âme du poète, sans doute, mais davantage encore, préserver le public de l'infection dont était porteuse une littérature aussi scandaleuse que les *Contes*.

Le débat entre l'artiste, cloué sur son fauteuil de grand malade, et l'inexorable représentant du pouvoir spirituel se prolongea douze jours. La Fontaine fit valoir la parfaite « honnêteté » de ses intentions, lui qui, en emboîtant le pas à ses illustres devanciers, Pétrone, Boccace, l'Arioste (parmi bien d'autres) ou, en France, Marguerite de Navarre, Rabelais, Scarron... n'avait rien recherché d'autre que d'« attacher le lecteur, de le réjouir, de lui plaire enfin », en se gardant bien de lui proposer quoi que ce fût d'un goût douteux, à plus forte raison d'obscène. En matière de doctrine chrétienne, il fit part à son interlocuteur de quelques doutes : il lui semblait, par exemple, que ces mêmes peines de l'Enfer dont on ne manquait pas de le menacer n'étaient pas bien compatibles avec la notion d'un Créateur infiniment bon. Mais il finit par se soumettre et se déclarer converti. Dans quel état d'esprit au juste, dans quel état de faiblesse ? On ne le saura naturellement jamais. Sa paix avec Dieu – avec l'Église – fut conclue au prix que voici : rétractation publique de ses « contes infâmes » ; promesse de n'en plus commettre, de ne pas contribuer à la diffusion de ceux qu'il avait commis, ni d'en tirer le moindre profit ; cérémonie d'amende honorable publique, abjuration solennelle des *Contes*, en prélude à une confession générale et à l'administration de l'extrême-onction devant une délégation de l'Académie française. Le poète mourut deux ans plus tard (1695), « avec une constance admirable et toute chrétienne », selon le témoignage de Charles Perrault.

Autres temps, autres mœurs ! Quelle n'est pas notre stupéfaction en découvrant des interdits, des institutions, des pratiques à ce point différents des nôtres ! Qu'est-ce donc que la France ou, pour paraphraser Montesquieu : comment a-t-on pu être Français, il y a quatre siècles ? Questions qui, pour tout lecteur de bonne foi et travaillé de la moindre curiosité, débouchent aussitôt sur ces corollaires : que sommes-nous nous-mêmes, par rapport à ceux qui nous ont précédés, au XVIIe siècle ? Comment tout a-t-il pu changer en si peu de temps (car quelques siècles ne sont rien, au regard de la longue durée des historiens) ?

Une fois de plus se vérifie l'extraordinaire pouvoir de la littérature, émanant même, quelquefois plus que tout, de simples « bagatelles » (selon le terme de l'une des *Préfaces*). Les *Contes* ne nous révèlent pas seulement la tradition pleine de sève et de suc d'un libertinage qui, pour n'être en rien « érudit » comme celui d'« esprits forts » (entendons : des athées du temps) faisant « le brave devant Dieu » (Pascal), ne s'en rattache pas moins à la réhabilitation de l'homme opérée par la Renaissance, en France. Ils nous permettent, non moins, de prendre toute la mesure des bouleversements intervenus, depuis le « grand siècle », dans la société, les mentalités, les mœurs. Car enfin, une forte odeur de soufre s'est dégagée des « bagatelles » de notre auteur. Or, avec des *best-sellers* comme *La Vie sexuelle de Catherine M.*, *Jouir* ou *Baise-moi*, il nous faut des narrations autrement corsées et salées. Du moins voudrait-on nous en persuader.

En vérité, point de plus prodigieux médiateurs que les grands écrivains. Ce sont d'essentiels rendez-vous que la littérature procure toujours sur nouveaux frais. Avec le « trésor » infiniment divers du passé. Avec de tout autres expériences existentielles, d'autres conceptions de la société, du bien et du mal. Avec de tout autres lectures du monde et d'autrui. En fin de compte, avec nous-mêmes. Laissons de côté toute idéologie ; plaçons résolument le débat sur le terrain qui, selon La Fontaine, prime, et de très loin : celui de la « politesse » (bien plutôt que la police) des mœurs, du polissage de l'esprit et du goût, de l'initiation au Beau. C'est sur ce terrain-là que, pour nos classiques, toute la partie se joue. Il est vrai : elle peut se révéler rude. Notre naïve, notre impayable confiance en notre supériorité de tout derniers venus dans le monde, de « modernes », risque d'en prendre pour son grade.

En allant droit aux linéaments, un maître mot s'impose : *respect*.

Respect, en tout premier lieu, du lecteur. La Fontaine ne nous gave pas d'obscénités, il ne nous sert pas, en boucle, du cru et du *hard*. Il ne nous considère jamais comme des consommateurs dont il suffit, pour en extraire un profit maximum, d'exploiter le goût toujours mal refoulé pour la violence, de flatter les pulsions élémentaires. Bien au contraire, le lecteur le plus humble, le plus « populaire », le moins lettré, lui, si fin lettré, il l'estime toujours *capable* de pénétration, d'esprit de finesse et de goût, à l'égal et peut-être même bien mieux que de certains « savants ». Davantage : il le traite en authentique partenaire, lui propose d'entrer dans le jeu (« qui ne voit, demande-t-il justement, que ceci est jeu ? ») de tenir sa partie dans le processus même de la création. Quel préjugé de moderne, encore, que de croire qu'on a attendu la fin du

XXe siècle pour inventer l'interactivité, des jeux interactifs ! Cela dit, il faut convenir que, comme presque toute notre littérature classique, les *Contes* ont été écrits pour le public de la cour et de la ville, qui a constitué une élite et produit des connaisseurs, non pas en vertu d'une quelconque supériorité innée, mais du seul fait que son statut social lui a grandement facilité l'accès à la culture.

Un trait plus que tous autres signale cette considération foncière : jamais La Fontaine n'impose rien de doctrinaire, n'adopte le ton magistral. Rien qui pose ou qui pèse. Toujours il croit à notre capacité innée de juger par nous-mêmes, de marcher en hommes libres. Cet auteur pourtant habité par la mélancolie (il évoque dans Psyché le « sombre plaisir d'un cœur mélancolique ») n'a jamais douté de nous, au rebours de tant d'autres qui, à bien considérer les facilités dans lesquelles ils se croient tenus de donner pour s'abaisser à notre portée, ne nous marquent en fin de compte que du mépris. Allusions, ironie, jeux verbaux à saisir au bond, feintes et jusqu'aux fameuses « bienséances » sont comme la pierre de touche de cette fraternelle estime. *La Fontaine nous traite en adultes*.

C'est là une esthétique du voile, un art de « gazer », pour lesquels la métaphore, l'enrobé, le dérobé, peuvent être infiniment plus sensuels, plus érotiques et voluptueux que « la chose » à découvert. Chacun jugera par lui-même si ces « traits nouveaux, piquants, délicats / Qui disent et ne disent pas » (« Le Tableau ») ne sont pas pour le moins aussi suggestifs que « le mot » en toutes lettres.

D'autre part, La Fontaine a l'esprit de ne pas se prendre pour un prophète, un phare, la Conscience de la Nation ou de l'Humanité. Certes, il s'engage, et plus d'un conte le prouve de reste, lorsqu'il s'en prend – vers le temps même où Molière doit si rudement se battre pour faire représenter son Tartuffe – à la paillardise, à l'hypocrisie, à l'imposture de frères et de nonnains se donnant bien du bon temps dès ce monde-ci. Cependant, son engagement véritable, absolu, est au service de l'écriture. Là encore, il fait preuve, sa vie durant, d'une indéfectible estime du public, par le très haut respect qu'il a de son art. On croira à un autre paradoxe : mais non, cet immense artiste ne s'est rien voulu d'autre qu'un impeccable artisan. Comme La Bruyère, il est convaincu que « c'est un métier que de faire un livre, comme de faire une pendule ». Humble conception, qui n'a plus toujours cours...

Contontons, mais contons bien : c'est le point principal ;
C'est tout...
(« Les Oies du frère Philippe »)

Respect, en dernier lieu, de la nature de l'homme. Comme les *Fables*, avec lesquelles ils entretiennent tant d'affinités, mais à leur manière, les *Contes* proposent un choix, une « leçon » (au sens originel de « lecture ») de vie. Certes, cet « enseignement » compte deux degrés, et le premier consiste en pur enjouement. Le second conduit à un épicurisme bien cultivé, judicieusement tempéré, continûment maîtrisé. À une morale – pour lâcher le grand vilain mot honni à notre époque – faite de tranquille acceptation de *tout* l'homme. En quoi La Fontaine se rencontre avec Montaigne, que déjà scandalisait l'anathème jeté par l'Église sur l'autre « pièce » de notre « bâtiment », entendons : le corps. En dépit de leur air badin, au-delà de leur apologie toute savoureuse du « dieu qui fait aimer » (« La Matrone d'Éphèse »), les *Contes* signalent une belle hostilité à toute forme de pouvoir qui, sous les grands mots de « vertu », « péché », « damnation »..., héberge une indomptable *libido dominandi*. Tous plaident en faveur de la tolérance à l'endroit des injonctions, des élans inscrits au tréfonds de notre nature ; tous réclament une solidaire indulgence pour l'homme, à la condition expresse que prévale, là encore, le respect dû aux autres.

Comme les comédies de Molière, tous suggèrent une authentique « leçon de théâtre », une sage distance par rapport à nos propres infortunes, dont nous nous exagérons si volontiers l'importance :

Pauvres gens ! dites-moi, qu'est-ce que Cocuage ?
Quel tort vous fait-il, quel dommage ?
Qu'est-ce enfin que ce mal dont tant de gens de bien
Se moquent avec juste cause ?
Quand on l'ignore, ce n'est rien ;
Quand on le sait, c'est peu de chose.

(« La Coupe enchantée »)

Louis Van Delft

Petit vade-mecum pour la lecture : « Il me faut tirer de ma tête nombre de traits (...) qui soient entendus sans notes », déclare La Fontaine au début du « Tableau ». Heureuse coïncidence ! Bien qu'elle ne s'adresse pas spécialement aux « Agnès même les plus sottes » auxquelles le poète fait ensuite perfidement allusion, l'absence de notes est précisément un des principes de la collection Librio. Cependant, la langue de La Fontaine a vieilli, même si elle a pris un coup de vieux beaucoup moins net que celle de Montaigne. Quelques allusions, notamment à la mythologie, peuvent également échapper. Que le lecteur ne se laisse en aucune manière intimider. Ces « difficultés » ne font jamais obstacle à la compréhension immédiate. Bien plus : elles constituent, elles aussi, une belle occasion d'exercer notre curiosité et par là d'enrichir notre « avoir » linguistique et culturel. Les abondantes notes des deux éditions des *Œuvres complètes*, t. I, dans la collection de la Pléiade, l'ancienne (1954), de J. Schiffrin, et la nouvelle (1991), de J.-P. Collinet, apportent la réponse à pratiquement toutes les questions ponctuelles que l'on peut se poser.

Le Cocu battu et content

N'a pas longtemps de Rome revenait
Certain cadet, qui n'y profita guère,
Et volontiers en chemin séjournait,
Quand par hasard le galant rencontrait
Bon vin, bon gîte, et belle chambrière.
Avint qu'un jour, en un bourg arrêté,
Il vit passer une dame jolie,
Leste, pimpante, et d'un page suivie ;
En la voyant, il en fut enchanté,
La convoita, comme bien savait faire.
Prou de pardons il avait rapporté ;
De vertu peu : chose assez ordinaire.
La dame était de gracieux maintien,
De doux regard, jeune, fringante et belle,
Somme qu'enfin il ne lui manquait rien,
Fors que d'avoir un ami digne d'elle.
Tant se la mit le drôle en la cervelle,
Que dans sa peau peu ni point ne durait,
Et s'informant comment on l'appelait :
« C'est, lui dit-on, la dame du village ;
Messire Bon l'a prise en mariage,
Quoiqu'il n'ait plus que quatre cheveux gris ;
Mais, comme il est des premiers du pays,
Son bien supplée au défaut de son âge. »

Notre cadet tout ce détail apprit,
Dont il conçut espérance certaine.
Voici comment le pèlerin s'y prit.
Il renvoya dans la ville prochaine
Tous ses valets, puis s'en fut au château ;

Dit qu'il était un jeune jouvenceau
Qui cherchait maître, et qui savait tout faire.
Messire Bon, fort content de l'affaire,
Pour fauconnier le loua bien et beau,
Non toutefois sans l'avis de sa femme.
Le fauconnier plut très fort à la dame ;
Et n'étant homme en tel pourchas nouveau,
Guère ne mit à déclarer sa flamme.
Ce fut beaucoup ; car le vieillard était
Fou de sa femme, et fort peu la quittait,
Sinon les jours qu'il allait à la chasse.
Son fauconnier, qui pour lors le suivait,
Eût demeuré volontiers en sa place.
La jeune dame en était bien d'accord ;
Ils n'attendaient que le temps de mieux faire.
Quand je dirai qu'il leur en tardait fort,
Nul n'osera soutenir le contraire.

Amour enfin, qui prit à cœur l'affaire,
Leur inspira la ruse que voici :
La dame dit un soir à son mari :
« Qui croyez-vous le plus rempli de zèle
De tous vos gens ? » Ce propos entendu,
Messire Bon lui dit : « J'ai toujours cru
Le fauconnier garçon sage et fidèle ;
Et c'est à lui que plus je me fierais.
— Vous auriez tort, repartit cette belle ;
C'est un méchant : il me tint l'autre fois
Propos d'amour, dont je fus si surprise,
Que je pensai tomber tout de mon haut ;
Car qui croirait une telle entreprise ?
Dedans l'esprit il me vint aussitôt
De l'étrangler, de lui manger la vue :
Il tint à peu ; je n'en fus retenue
Que pour n'oser un tel cas publier ;
Même, à dessein qu'il ne le pût nier,
Je fis semblant d'y vouloir condescendre ;
Et cette nuit, sous un certain poirier,
Dans le jardin je lui dis de m'attendre.
"Mon mari, dis-je, est toujours avec moi,
"Plus par amour que doutant de ma foi ;
"Je ne me puis dépêtrer de cet homme,

“Sinon la nuit pendant son premier somme :
“D’auprès de lui tâchant de me lever,
“Dans le jardin je vous irai trouver.”
Voilà l’état où j’ai laissé l’affaire. »

Messire Bon se mit fort en colère.
Sa femme dit : « Mon mari, mon époux,
Jusqu’à tantôt cachez votre courroux ;
Dans le jardin attrapez-le vous-même :
Vous le pourrez trouver fort aisément ;
Le poirier est à main gauche en entrant.
Mais il vous faut user de stratagème :
Prenez ma jupe et contrefaites-vous ;
Vous entendrez son insolence extrême.
Lors d’un bâton donnez-lui tant de coups,
Que le galant demeure sur la place.
Je suis d’avis que le friponneau fasse
Tel compliment à des femmes d’honneur ! »
L’époux retint cette leçon par cœur.
Onc il ne fut une plus forte dupe
Que ce vieillard, bon homme au demeurant.
Le temps venu d’attraper le galant,
Messire Bon se couvrit d’une jupe,
S’encorneta, courut incontinent
Dans le jardin, où ne trouva personne :
Garde n’avait ; car tandis qu’il frissonne,
Claque des dents, et meurt quasi de froid,
Le pèlerin, qui le tout observoit,
Va voir la dame, avec elle se donne
Tout le bon temps qu’on a, comme je croi,
Lorsqu’Amour seul étant de la partie,
Entre deux draps on tient femme jolie,
Femme jolie, et qui n’est point à soi.
Quand le galant, un assez bon espace,
Avec la dame eut été dans ce lieu,
Force lui fut d’abandonner la place ;
Ce ne fut pas sans le vin de l’adieu.
Dans le jardin il court en diligence.
Messire Bon, rempli d’impatience,
À tous moments sa paresse maudit.
Le pèlerin, d’aussi loin qu’il le vit,
Feignit de croire apercevoir la dame,

Et lui cria : « Quoi donc ! méchante femme,
À ton mari tu brassais un tel tour !
Est-ce le fruit de son parfait amour ?
Dieu soit témoin que pour toi j'en ai honte !
Et de venir ne tenais quasi compte,
Ne te croyant le cœur si perverti
Que de vouloir tromper un tel mari.
Or bien, je vois qu'il te faut un ami ;
Trouvé ne l'as en moi, je t'en assure.
Si j'ai tiré ce rendez-vous de toi,
C'est seulement pour éprouver ta foi ;
Et ne t'attends de m'induire à luxure :
Grand pécheur suis ; mais j'ai, la Dieu merci,
De ton honneur encor quelque souci.
À Monseigneur ferais-je un tel outrage ?
Pour toi, tu viens avec un front de page !
Mais, foi de Dieu ! ce bras te châtiera ;
Et Monseigneur puis après le saura. »

Pendant ces mots l'époux pleurait de joie,
Et, tout ravi, disait entre ses dents :
« Loué soit Dieu, dont la bonté m'envoie
Femme et valet si chastes, si prudents ! »
Ce ne fut tout, car à grands coups de gaule
Le pèlerin vous lui froisse une épaule :
De horions laidement l'accoutra ;
Jusqu'au logis ainsi le convoya.
Messire Bon eût voulu que le zèle
De son valet n'eût été jusque-là ;
Mais, le voyant si sage et si fidèle,
Le bonhommeau des coups se consola.
Dedans le lit sa femme il retrouva ;
Lui conta tout, en lui disant : « M'amie,
Quand nous pourrions vivre cent ans encor,
Ni vous ni moi n'aurions de notre vie
Un tel valet ; c'est sans doute un trésor.
Dans notre bourg, je veux qu'il prenne femme :
À l'avenir traitez-le ainsi que moi.
— Pas n'y faudrai, lui repartit la dame ;
Et de ceci je vous donne ma foi. »

LE MARI CONFESSEUR

MESSIRE Artus, sous le grand roi François,
Alla servir aux guerres d'Italie ;
Tant qu'il se vit, après maints beaux exploits,
Fait chevalier en grand'cérémonie.
Son général lui chaussa l'éperon :
Dont il croyait que le plus haut baron
Ne lui dût plus contester le passage.
Si s'en revient tout fier en son village,
Où ne surprit sa femme en oraison.
Seule il l'avait laissée à la maison ;
Il la retrouve en bonne compagnie,
Dansant, sautant, menant joyeuse vie,
Et des muguets avec elle à foison.
Messire Artus ne prit goût à l'affaire ;
Et ruminant sur ce qu'il devait faire :
« Depuis que j'ai mon village quitté,
Si j'étais crû, dit-il, en dignité
De cocuage et de chevalerie ?
C'est moitié trop : sachons la vérité. »
Pour ce s'avise, un jour de confrérie,
De se vêtir en prêtre, et confesser.
Sa femme vient à ses pieds se placer.
De prime abord sont par la bonne dame
Expédiés tous les péchés menus ;
Puis à leur tour les gros étant venus,
Force lui fut qu'elle changeât de gamme.
« Père, dit-elle, en mon lit sont reçus
Un gentilhomme, un chevalier, un prêtre. »
Si le mari ne se fût fait connaître,
Elle en allait enfiler beaucoup plus ;

Courte n'était, pour sûr, la kyrielle.
Son mari donc l'interrompt là-dessus,
Dont bien lui prit. « Ah ! dit-il, infidèle !
Un prêtre même ! À qui crois-tu parler ?
— À mon mari, dit la fausse femelle,
Qui d'un tel pas se sut bien démêler.
Je vous ai vu dans ce lieu vous couler,
Ce qui m'a fait douter du badinage.
C'est un grand cas qu'étant homme si sage
Vous n'ayez su l'énigme débrouiller !
On vous a fait, dites-vous, chevalier ;
Auparavant vous étiez gentilhomme ;
Vous êtes prêtre avecque ces habits.
— Bénit soit Dieu ! dit alors le bon homme ;
Je suis un sot de l'avoir si mal pris. »

Conte tiré d'Athénée

(La Vénus callipyge)

Du temps des Grecs deux sœurs disaient avoir
Aussi beau cul que fille de leur sorte ;
La question ne fut que de savoir
Quelle des deux dessus l'autre l'emporte.
Pour en juger un expert étant pris,
À la moins jeune il accorde le prix,
Puis l'épousant lui fait don de son âme ;
À son exemple un sien frère est épris
De la cadette, et la prend pour sa femme.
Tant fut entre eux à la fin procédé,
Que par les sœurs un temple fut fondé
Dessous le nom de Vénus belle fesse.
Je ne sais pas à quelle intention,
Mais c'eût été le temple de la Grèce
Pour qui j'eusse eu plus de dévotion.

Conte tiré d'Athénée

(Les Deux Amis)

Axiochus avec Alcibiades,
Jeunes, bien faits, galants, et vigoureux,
Par bon accord, comme grands camarades,
En même nid furent pondre tous deux.
Qu'arrive-t-il ? l'un de ces amoureux
Tant bien exploite autour de la donzelle,
Qu'il en naquit une fille si belle
Qu'ils s'en vantaient tous deux également.
Le temps venu que cet objet charmant
Put pratiquer les leçons de sa mère,
Chacun des deux en voulut être amant ;
Plus n'en voulut l'un ni l'autre être père.
« Frère, dit l'un, ah ! vous ne sauriez faire
Que cet enfant ne soit vous tout craché.
— Parbieu, dit l'autre, il est à vous, compère :
Je prends sur moi le hasard du péché. »

Le Faiseur d'oreilles et le Raccommodeur de moules

Sire Guillaume, allant en marchandise,
Laissa sa femme enceinte de six mois,
Simple, jeunette, et d'assez bonne guise,
Nommée Alix, du pays champenois.
Compère André l'allait voir quelquefois ;
À quel dessein, besoin n'est de le dire,
Et Dieu le sait. C'était un maître sire :
Il ne tendait guère en vain ses filets ;
Ce n'était pas autrement sa coutume.
Sage eût été l'oiseau qui de ses rets
Se fût sauvé sans laisser quelque plume.
Alix était fort neuve sur ce point ;
Le trop d'esprit ne l'incommodait point,
De ce défaut on n'accusait la belle ;
Elle ignorait les malices d'amour ;
La pauvre dame allait tout devant elle,
Et n'y savait ni finesse ni tour.
Son mari donc se trouvant en emplette,
Elle au logis, en sa chambre seulette,
André survient, qui sans long compliment
La considère, et lui dit froidement :
« Je m'ébahis comme au bout du royaume
S'en est allé le compère Guillaume
Sans achever l'enfant que vous portez ;
Car je vois bien qu'il lui manque une oreille :
Votre couleur me le démontre assez,
En ayant vu mainte épreuve pareille.
— Bonté de Dieu ! reprit-elle aussitôt,
Que dites-vous ? quoi ! d'un enfant monaut

J'accoucherais ? N'y savez-vous remède ?
— Si dea, fit-il, je vous puis donner aide
En ce besoin, et vous jurerai bien
Qu'autre que vous ne m'en ferait tant faire.
Le mal d'autrui ne me tourmente en rien,
Fors excepté ce qui touche au compère ;
Quant à ce point je m'y ferais mourir.
Or essayons, sans plus en discourir,
Si je suis maître à forger des oreilles.
— Souvenez-vous de les rendre pareilles,
Reprit la femme. — Allez, n'ayez souci,
Répliqua-t-il ; je prends sur moi ceci. »
Puis le galant montre ce qu'il sait faire
Tant ne fut nice (encore que nice fût)
Madame Alix, que le jeu ne lui plût.
Philosopher ne faut pour cette affaire.
André vaquait de grande affection
À son travail, faisant ore un tendon,
Ore un repli, puis quelque cartilage,
Et n'y plaignant l'étoffe et la façon.
« Demain, dit-il, nous polirons l'ouvrage,
Puis le mettrons en sa perfection,
Tant et si bien qu'en ayez bonne issue.
— Je vous en suis, dit-elle, bien tenue :
Bon fait avoir ici-bas un ami. »
Le lendemain, pareille heure venue,
Compère André ne fut pas endormi :
Il s'en alla chez la pauvre innocente.
« Je viens, dit-il, toute affaire cessante,
Pour achever l'oreille que savez.
— Et moi, dit-elle, allais par un message
Vous avertir de hâter cet ouvrage :
Montons en haut. » Dès qu'ils furent montés,
On poursuivit la chose encommencée.
Tant fut ouvré, qu'Alix dans la pensée
Sur cette affaire un scrupule se mit ;
Et l'innocente au bon apôtre dit :
« Si cet enfant avait plusieurs oreilles,
Ce ne serait à vous bien besogné ;
— Rien, rien, dit-il ; à cela j'ai soigné :
Jamais ne faux en rencontres pareilles. »
Sur le métier l'oreille était encor

Quand le mari revient de son voyage ;
Caresse Alix, qui du premier abord :
« Vous aviez fait, dit-elle, un bel ouvrage !
Nous en tenions sans le compère André,
Et notre enfant d'une oreille eût manqué.
Souffrir n'ai pu chose tant indécente ;
Sire André donc, toute affaire cessante,
En a fait une : il ne faut oublier
De l'aller voir, et l'en remercier ;
De tels amis on a toujours affaire. »

Sire Guillaume, au discours qu'elle fit,
Ne comprenant comme il se pouvait faire
Que son épouse eût eu si peu d'esprit,
Par plusieurs fois lui fit faire un récit
De tout le cas ; puis, outré de colère,
Il prit une arme à côté de son lit,
Voulut tuer la pauvre Champenoise,
Qui prétendait ne l'avoir mérité.
Son innocence et sa naïveté
En quelque sorte apaisèrent la noise.
« Hélas ! Monsieur, dit la belle en pleurant,
En quoi vous puis-je avoir fait du dommage ?
Je n'ai donné vos draps ni votre argent,
Le compte y est ; et quant au demeurant
André me dit, quand il parfit l'enfant,
Qu'en trouveriez plus que pour votre usage :
Vous pouvez voir ; si je mens, tuez-moi ;
Je m'en rapporte à votre bonne foi. »
L'époux, sortant quelque peu de colère,
Lui répondit : « Or bien, n'en parlons plus ;
On vous l'a dit ; vous avez cru bien faire ;
J'en suis d'accord : contester là-dessus
Ne produirait que discours superflus.
Je n'ai qu'un mot : faites demain en sorte
Qu'en ce logis j'attrape le galant :
Ne parlez point de notre différend ;
Soyez secrète, ou bien vous êtes morte.
Il vous le faut avoir adroitement ;
Me feindre absent en un second voyage,
Et lui mander, par lettre ou par message,
Que vous avez à lui dire deux mots.

André viendra ; puis de quelques propos
L'amuserez, sans toucher à l'oreille ;
Car elle est faite, il n'y manque plus rien. »

Notre innocente exécuta très bien
L'ordre donné. Ce ne fut pas merveille :
La crainte donne aux bêtes de l'esprit.
André venu, l'époux guère ne tarde,
Monte, et fait bruit. Le compagnon regarde
Où se sauver : nul endroit il ne vit
Qu'une ruelle, en laquelle il se mit.
Le mari frappe : Alix ouvre la porte,
Et de la main fait signe incontinent
Qu'en la ruelle est caché le galant.
Sire Guillaume était armé de sorte
Que quatre Andrés n'auraient pu l'étonner.
Il sort pourtant, et va querir main-forte,
Ne le voulant sans doute assassiner,
Mais quelque oreille au pauvre homme couper,
Peut-être pis, ce qu'on coupe en Turquie,
Pays cruel et plein de barbarie :
C'est ce qu'il dit à sa femme tout bas ;
Puis l'emmena, sans qu'elle osât rien dire ;
Ferma très bien la porte sur le sire.

André se crut sorti d'un mauvais pas,
Et que l'époux ne savait nulle chose.
Sire Guillaume, en rêvant à son cas,
Change d'avis, en soi-même propose
De se venger avecque moins de bruit,
Moins de scandale, et beaucoup plus de fruit.
« Alix, dit-il, allez querir la femme
De sire André ; contez-lui votre cas
De bout en bout ; courez, n'y manquez pas :
Pour l'amener, vous direz à la dame
Que son mari court un péril très grand ;
Que je vous ai parlé d'un châtiment
Qui la regarde, et qu'aux faiseurs d'oreilles
On fait souffrir en rencontres pareilles :
Chose terrible, et dont le seul penser
Vous fait dresser les cheveux à la tête ;
Que son époux est tout prêt d'y passer ;

Qu'on n'attend qu'elle afin d'être à la fête ;
Que toutefois comme elle n'en peut mais,
Elle pourra faire changer la peine.
Amenez-la, courez ; je vous promets
D'oublier tout, moyennant qu'elle vienne. »
Madame Alix, bien joyeuse, s'en fut
Chez sire André, dont la femme accourut
En diligence et quasi hors d'haleine ;
Puis monta seule, et, ne voyant André,
Crut qu'il était quelque part enfermé.

Comme la dame était en ces alarmes,
Sire Guillaume, ayant quitté ses armes,
La fait asseoir, et puis commence ainsi :
« L'ingratitude est mère de tout vice :
André m'a fait un notable service ;
Par quoi, devant que vous sortiez d'ici,
Je lui rendrai, si je puis, la pareille.
En mon absence, il a fait une oreille
Au fruit d'Alix ; je veux d'un si bon tour
Me revancher, et je pense une chose :
Tous vos enfants ont le nez un peu court ;
Le moule en est assurément la cause.
Or je les sais des mieux raccommoder :
Mon avis donc est que, sans retarder,
Nous pourvoyions de ce pas à l'affaire. »
Disant ces mots, il vous prend la commère,
Et près d'André la jeta sur le lit,
Moitié raisin, moitié figue, en jouit.
La dame prit le tout en patience ;
Bénit le Ciel de ce que la vengeance
Tombait sur elle, et non sur sire André,
Tant elle avait pour lui de charité.
Sire Guillaume était de son côté
Si fort ému, tellement irrité,
Qu'à la pauvrette il ne fit nulle grâce
Du talion, rendant à son époux
Fèves pour pois, et pain blanc pour fouace.
Qu'on dit bien vrai que se venger est doux !
Très sage fut d'en user de la sorte :
Puisqu'il voulait son honneur réparer,
Il ne pouvait mieux que par cette porte

D'un tel affront, à mon sens, se tirer.
André vit tout, et n'osa murmurer ;
Jugea des coups, mais ce fut sans rien dire,
Et loua Dieu que le mal n'était pire.
Pour une oreille il aurait composé ;
Sortir à moins, c'était pour lui merveilles :
Je dis à moins ; car mieux vaut, tout prisé,
Cornes gagner que perdre ses oreilles.

LES FRÈRES DE CATALOGNE

JE vous veux conter la besogne
Des Cordeliers de Catalogne :
Besogne où ces pères en Dieu
Témoignèrent en certain lieu
Une charité si fervente,
Que mainte femme en fut contente,
Et crut y gagner paradis.
Telles gens par leurs bons avis
Mettent à bien les jeunes âmes,
Tirent à soi filles et femmes,
Se savent emparer du cœur,
Et dans la vigne du Seigneur
Travaillent ainsi qu'on peut croire,
Et qu'on verra par cette histoire.

Au temps que le sexe vivait
Dans l'ignorance, et ne savait
Gloser encore sur l'Évangile
(Temps à coter fort difficile),
Un essaim de frères mineurs,
Pleins d'appétit et beaux dîneurs,
S'alla jeter dans une ville
En jeunes beautés très fertile.
Pour des galants, peu s'en trouvait ;
De vieux maris, il en pleuvait.
À l'abord une confrérie
Par les bons pères fut bâtie.
Femme n'était qui n'y courût,
Qui ne s'en mît, et qui ne crût
Par ce moyen être sauvée :

Puis, quand leur foi fut éprouvée,
On vint au véritable point.
Frère André ne marchanda point,
Et leur fit ce beau petit prêche :
« Si quelque chose vous empêche
D'aller tout droit en paradis,
C'est d'épargner pour vos maris
Un bien dont ils n'ont plus que faire
Quand ils ont pris leur nécessaire,
Sans que jamais il vous ait plu
Nous faire part du superflu.
Vous me direz que notre usage.
Répugne aux dons du mariage :
Nous l'avouons ; et, Dieu merci,
Nous n'aurions que voir en ceci,
Sans le soin de vos consciences.
La plus grièves des offenses,
C'est d'être ingrate : Dieu l'a dit.
Pour cela Satan fut maudit.
Prenez-y garde ; et de vos restes
Rendez grâce aux bontés célestes,
Nous laissant dîmer sur un bien
Qui ne vous coûte presque rien.
C'est un droit, ô troupe fidèle,
Qui vous témoigne notre zèle ;
Droit authentique et bien signé,
Que les papes nous ont donné ;
Droit enfin, et non pas aumône :
Toute femme doit en personne
S'en acquitter trois fois le mois
Vers les enfants de saint François.
Cela fondé sur l'Écriture :
Car il n'est bien dans la nature,
Je le répète, écoutez-moi,
Qui ne subisse cette loi
De reconnaissance et d'hommage.
Or, les œuvres de mariage
Étant un bien, comme savez
Ou savoir chacune devez,
Il est clair que dîme en est due,
Cette dîme sera reçue
Selon notre petit pouvoir.

Quelque peine qu'il faille avoir,
Nous la prendrons en patience :
N'en faites point de conscience ;
Nous sommes gens qui n'avons pas
Toutes nos aises ici-bas.
Au reste, il est bon qu'on vous dise
Qu'entre la chair et la chemise
Il faut cacher le bien qu'on fait :
Tout ceci doit être secret
Pour vos maris et pour tout autre.
Voici trois mots d'un bon apôtre
Qui font à notre intention :
Foi, charité, discrétion. »
Frère André, par cette éloquence,
Satisfit fort son audience,
Et passa pour un Salomon ;
Peu dormirent à son sermon.
Chaque femme, ce dit l'histoire,
Garda très bien dans sa mémoire,
Et mieux encor dedans son cœur,
Le discours du prédicateur.
Ce n'est pas tout : il s'exécute.
Chacune accourt ; grande dispute,
À qui la première payra :
Mainte bourgeoise murmura
Qu'au lendemain on l'eût remise.
Et notre mère sainte Église,
Ne sachant comme renvoyer
Cet escadron prêt à payer,
Fut contrainte enfin de leur dire :
« De par Dieu, souffrez qu'on respire ;
C'en est assez pour le présent ;
On ne peut faire qu'en faisant.
Réglez votre temps sur le nôtre :
Aujourd'hui l'une, et demain l'autre ;
Tout avec ordre ; et, croyez-nous,
On en va mieux quand on va doux. »
Le sexe suit cette sentence.
Jamais de bruit pour la quittance ;
Trop bien quelque collation,
Et le tout par dévotion.

Puis de trinquer à la commère.
Je laisse à penser quelle chère
Faisait alors frère Frappart.
Tel d'entre eux avait pour sa part
Dix jeunes femmes bien payantes,
Frisques, gaillardes, attrayantes ;
Tel aux douze et quinze passait ;
Frère Roc à vingt se chaussait.
Tant et si bien que les donzelles,
Pour se montrer plus ponctuelles,
Payaient deux fois assez souvent :
Dont il avint que le couvent,
Las enfin d'un tel ordinaire,
Après avoir à cette affaire
Vaqué cinq ou six mois entiers,
Eût fait crédit bien volontiers :
Mais les donzelles, scrupuleuses,
De s'acquitter étaient soigneuses,
Croyant faillir en retenant
Un bien à l'Ordre appartenant.
Point de dîmes accumulées.
Il s'en trouva de si zélées,
Que par avance elles payaient.
Les beaux pères n'expédiaient
Que les fringantes et les belles,
Enjoignant aux sempiternelles
De porter en bas leur tribut :
Car dans ces dîmes de rebut
Les lais trouvaient encore à frire.
Bref, à peine il se pourrait dire
Avec combien de charité
Le tout était exécuté.

Il avint qu'une de la bande,
Qui voulait porter son offrande,
Un beau soir, en chemin faisant,
Et son mari la conduisant,
Lui dit : « Mon Dieu ! j'ai quelque affaire
Là dedans avec certain frère ;
Ce sera fait dans un moment. »
L'époux répondit brusquement :
« Quoi ? quelle affaire ? êtes-vous folle ?

Il est minuit, sur ma parole :
Demain vous direz vos péchés ;
Tous les bons pères sont couchés.
— Cela n'importe, dit la femme.
— Et, par Dieu, si ! dit-il, Madame,
Je tiens qu'il importe beaucoup ;
Vous ne bougerez pour ce coup.
Qu'avez-vous fait ? et quelle offense
Presse ainsi votre conscience ?
Demain matin, j'en suis d'accord.
— Ah ! Monsieur, vous me faites tort,
Reprit-elle ; ce qui me presse,
Ce n'est pas d'aller à confesse,
C'est de payer, car, si j'attends,
Je ne le pourrai de longtemps :
Le frère aura d'autres affaires.
— Quoi payer ? — La dîme aux bons pères.
— Quelle dîme ? — Savez-vous pas ?
— Moi, je le sais ? C'est un grand cas
Que toujours femme aux moines donne !
Mais cette dîme, ou cette aumône,
La saurai-je point à la fin ?
— Voyez, dit-elle, qu'il est fin !
N'entendez-vous pas ce langage ?
C'est des œuvres de mariage.
— Quelles œuvres ? reprit l'époux.
— Eh là ! Monsieur, c'est ce que nous...
Mais j'aurais payé depuis l'heure ;
Vous êtes cause qu'en demeure
Je me trouve présentement ;
Et cela, je ne sais comment,
Car toujours je suis coutumière
De payer toute la première. »

L'époux, rempli d'étonnement,
Eut cent pensers en un moment :
Il ne sut que dire et que croire.
Enfin, pour apprendre l'histoire,
Il se tut, il se contraignit ;
Du secret, sans plus, se plaignit ;
Par tant d'endroits tourna sa femme,
Qu'il apprit que mainte autre dame

Payait la même pension.
Ce lui fut consolation.
« Sachez, dit la pauvre innocente,
Que pas une n'en est exempte :
Votre sœur paie à frère Aubry ;
La baillie au père Fabry ;
Son Altesse à frère Guillaume,
Un des beaux moines du royaume.
Moi, qui paie à frère Girard,
Je voulais lui porter ma part. »
Que de maux la langue nous cause !
Quand ce mari sut toute chose,
Il résolut premièrement
D'en avertir secrètement
Monseigneur, puis les gens de ville.
Mais comme il était difficile
De croire un tel cas dès l'abord,
Il voulut avoir le rapport
Du drôle à qui payait sa femme.
Le lendemain devant la dame
Il fait venir frère Girard,
Lui porte à la gorge un poignard,
Lui fait conter tout le mystère.
Puis, ayant enfermé ce frère
À double clef, bien garrotté,
Et la dame d'autre côté,
Il va partout conter sa chance.
Au logis du prince il commence ;
Puis il descend chez l'échevin ;
Puis il fait sonner le tocsin.
Toute la ville en est troublée,
On court en foule à l'assemblée,
Et le sujet de la rumeur
N'est point su du peuple dîmeur.

Chacun opine à la vengeance.
L'un dit qu'il faut en diligence
Aller massacrer ces cagots ;
L'autre dit qu'il faut de fagots
Les entourer dans leur repaire,
Et brûler gens et monastère.
Tel veut qu'ils soient à l'eau jetés,

Dedans leurs frocs empaquetés
Afin que la gent cordelière,
Flottant ainsi sur la rivière,
S'en aille apprendre à l'univers
Comment on traite les pervers.
Tel invente un autre supplice,
Et chacun selon son caprice.
Bref, tous conclurent à la mort.
L'avis du feu fut le plus fort.
On court au couvent tout à l'heure ;
Mais, par respect de la demeure,
L'arrêt ailleurs s'exécuta ;
Un bourgeois sa grange prêta.
La penaille, ensemble enfermée,
Fut en peu d'heures consumée,
Les maris sautants alentour
Et dansants au son du tambour.
Rien n'échappa de leur colère,
Ni moinillon, ni béat père :
Robes, manteaux et cocluchons,
Tout fut brûlé comme cochons ;
Tous périrent dedans les flammes.
Je ne sais ce qu'on fit des femmes.
Pour le pauvre frère Girard,
Il avait eu son fait à part.

LE GASCON PUNI

Jean-Honoré Fragonard
« Le Gascon puni »
in *Contes*, La Fontaine, illustrés par Fragonard,
réimpression de l'édition
Didot de 1793, Paris, J. Lemonnyer, 1883

Le Gascon puni

Un Gascon, pour s'être vanté
De posséder certaine belle,
Fut puni de sa vanité
D'une façon assez nouvelle.
Il se vantait à faux, et ne possédait rien.
Mais quoi ! tout médisant est prophète en ce monde :
On croit le mal d'abord ; mais à l'égard du bien,
Il faut qu'un public en réponde,
La dame cependant du Gascon se moquait ;
Même au logis pour lui rarement elle était ;
Et bien souvent qu'il la traitait
D'incomparable et de divine,
La belle aussitôt s'enfuyait,
S'allant sauver chez sa voisine.

Elle avait nom Philis ; son voisin, Eurilas ;
La voisine, Cloris ; le Gascon, Dorilas ;
Un sien ami, Damon : c'est tout, si j'ai mémoire.
Ce Damon de Cloris, à ce que dit l'histoire,
Était amant aimé, galant, comme on voudra,
Quelque chose de plus encor que tout cela.
Pour Philis, son humeur libre, gaie, et sincère,
Montrait qu'elle était sans affaire,
Sans secret, et sans passion.
On ignorait le prix de sa possession :
Seulement à l'user chacun la croyait bonne.
Elle approchait vingt ans, et venait d'enterrer
Un mari, de ceux-là que l'on perd sans pleurer,
Vieux barbon qui laissait d'écus plein une tonne.
En mille endroits de sa personne

La belle avait de quoi mettre un Gascon aux cieux,
Des attraits par-dessus les yeux,
Je ne sais quel air de pucelle,
Mais le cœur tant soit peu rebelle,
Rebelle toutefois de la bonne façon :
Voilà Philis. Quant au Gascon,
Il était gascon, c'est tout dire.

Je laisse à penser si le sire
Importuna la veuve, et s'il fit des serments ;
Ceux des Gascons et des Normands
Passent peu pour mots d'Évangile.
C'était pourtant chose facile
De croire Dorilas de Philis amoureux ;
Mais il voulait aussi que l'on le crût heureux.
Philis, dissimulant, dit un jour à cet homme :
« Je veux un service de vous :
Ce n'est pas d'aller jusqu'à Rome ;
C'est que vous nous aidiez à tromper un jaloux.
La chose est sans péril, et même fort aisée.
Nous voulons que cette nuit-ci
Vous couchiez avec le mari
De Cloris qui m'en a priée.
Avec Damon s'étant brouillée,
Il leur faut une nuit entière et par delà,
Pour démêler entre eux tout ce différend-là.
Notre but est qu'Eurilas pense,
Vous sentant près de lui, que ce soit sa moitié.
Il ne lui touche point, vit dedans l'abstinence,
Et, soit par jalousie ou bien par impuissance,
A retranché d'hymen certains droits d'amitié,
Ronfle toujours, fait la nuit d'une traite ;
C'est assez qu'en son lit il trouve une cornette.
Nous vous ajusterons : enfin ne craignez rien ;
Je vous récompenserai bien. »

Pour se rendre Philis un peu plus favorable,
Le Gascon eût couché, dit-il, avec le diable.
La nuit vient : on le coiffe, on le met au grand lit ;
On éteint les flambeaux : Eurilas prend sa place.
Du Gascon la peur se saisit ;
Il devient aussi froid que glace ;

N'oserait tousser ni cracher,
Beaucoup moins encor s'approcher ;
Se fait petit, se serre, au bord se va nicher,
Et ne tient que moitié de la rive occupée :
Je crois qu'on l'aurait mis dans un fourreau d'épée.
Son coucheur cette nuit se retourna cent fois,
Et jusque sur le nez lui porta certains doigts
Que la peur lui fit trouver rudes.
Le pis de ses inquiétudes
C'est qu'il craignait qu'enfin un caprice amoureux
Ne prît à ce mari : tels cas sont dangereux,
Lorsque l'un des conjoints se sent privé du somme.
Toujours nouveaux sujets alarmaient le pauvre homme :
L'on étendait un pied ; l'on approchait un bras ;
Il crut même sentir la barbe d'Eurilas.
Mais voici quelque chose à mon sens de terrible :
Une sonnette était près du chevet du lit ;
Eurilas de sonner, et faire un bruit horrible.
Le Gascon se pâme à ce bruit,
Cette fois-là se croit détruit,
Fait un vœu, renonce à sa dame,
Et songe au salut de son âme.
Personne ne venant, Eurilas s'endormit.

Avant qu'il fût jour on ouvrit :
Philis l'avait promis ; quand voici de plus belle
Un flambeau, comble de tous maux.
Le Gascon, après ces travaux
Se fût levé sans chandelle.
Sa perte était alors un point tout assuré.
On approche du lit. Le pauvre homme éclairé
Prie Eurilas qu'il lui pardonne.
« Je le veux », dit une personne
D'un ton de voix rempli d'appas.
C'était Philis, qui d'Eurilas
Avait tenu la place, et qui, sans trop attendre,
Tout en chemise s'alla rendre
Dans les bras de Cloris qu'accompagnait Damon :
C'était, dis-je, Philis, qui conta du Gascon
La peine et la frayeur extrême ;
Et qui, pour l'obliger à se tuer soi-même,
En lui montrant ce qu'il avait perdu,
Laissait son sein à demi nu.

La Servante justifiée

Boccace n'est le seul qui me fournit :
Je vas parfois en une autre boutique.
Il est bien vrai que ce divin esprit
Plus que pas un me donne de pratique :
Mais, comme il faut manger de plus d'un pain,
Je puise encore en un vieux magasin ;
Vieux, des plus vieux, où Nouvelles nouvelles
Sont jusqu'à cent, bien déduites et belles
Pour la plupart, et de très bonne main.
Pour cette fois la reine de Navarre
D'un *C'était moi*, naïf autant que rare,
Entretiendra dans ces vers le lecteur.
Voici le fait, quiconque en soit l'auteur :
J'y mets du mien selon les occurrences,
C'est ma coutume ; et, sans telles licences,
Je quitterais la charge de conteur.

Un homme donc avait belle servante :
Il la rendit au jeu d'amour savante.
Elle était fille à bien armer un lit,
Pleine de suc, et donnant appétit ;
Ce qu'on appelle en français bonne robe.
Par un beau jour, cet homme se dérobe
D'avec sa femme, et d'un très grand matin
S'en va trouver sa servante au jardin.
Elle faisait un bouquet pour madame :
C'était sa fête. Voyant donc de la femme
Le bouquet fait, il commence à louer
L'assortiment, tâche à s'insinuer.
S'insinuer, en fait de chambrière,

C'est proprement couler sa main au sein :
Ce qui fut fait. La servante soudain
Se défendit ; mais de quelle manière ?
Sans rien gâter : c'était une façon
Sur le marché ; bien savait sa leçon.
La belle prend les fleurs qu'elle avait mises
En un monceau, les jette au compagnon.
Il la baisa pour en avoir raison,
Tant et si bien qu'ils en vinrent aux prises.
En cet étrif, la servante tomba :
Lui d'en tirer aussitôt avantage.
Le malheur fut que tout ce beau ménage
Fut découvert d'un logis près de là.
Nos gens n'avaient pris garde à cette affaire.
Une voisine aperçut le mystère.
L'époux la vit, je ne sais pas comment.
« Nous voilà pris, dit-il à sa servante :
Notre voisine est languarde et méchante ;
Mais ne soyez en crainte aucunement. »
Il va trouver sa femme en ce moment ;
Puis fait si bien que, s'étant éveillée,
Elle se lève ; et, sur l'heure habillée,
Il continue à jouer son rôlet :
Tant qu'à dessein d'aller faire un bouquet
La pauvre épouse au jardin est menée.
Là fut par lui procédé de nouveau.
Même débat, même jeu se commence.
Fleurs de voler, tetons d'entrer en danse.
Elle y prit goût ; le jeu lui sembla beau :
Somme que l'herbe en fut encor froissée.

La pauvre dame alla l'après-dînée
Voir sa voisine, à qui ce secret-là
Chargeait le cœur : elle se soulagea
Tout dès l'abord. « Je ne puis, ma commère,
Dit cette femme avec un front sévère,
Laisser passer sans vous en avertir
Ce que j'ai vu. Voulez-vous vous servir
Encor longtemps d'une fille perdue ?
À coups de pied, si j'étais que de vous,
Je l'envoyrais ainsi qu'elle est venue.

Comment ! elle est aussi brave que nous !
Or bien, je sais celui de qui procède
Cette piaffe ; apportez-y remède
Tout au plus tôt ; car je vous avertis
Que ce matin, étant à la fenêtre
Ne sais pourquoi, j'ai vu de mon logis
Dans son jardin votre mari paraître,
Puis la galande ; et tous deux se sont mis
À se jeter quelques fleurs à la tête. »
Sur ce propos l'autre l'arrêta coi.
— Je vous entends, dit-elle : c'était moi.

LA VOISINE

Voire ! écoutez le reste de la fête :
Vous ne savez où je veux en venir.
Les bonnes gens se sont pris à cueillir
Certaines fleurs que baisers on appelle.

LA FEMME

C'est encor moi que vous preniez pour elle.

LA VOISINE

Du jeu des fleurs à celui des tetons
Ils sont passés : après quelques façons,
À pleine main l'on les a laissé prendre.

LA FEMME

Et pourquoi non ? c'était moi. Votre époux
N'a-t-il pas donc les mêmes droits sur vous ?

LA VOISINE

Cette personne enfin sur l'herbe tendre
Est trébuchée, et, comme je le croi,
Sans se blesser. Vous riez ?

LA FEMME

C'était moi.

LA VOISINE

Un cotillon a paré la verdure.

LA FEMME

C'était le mien.

LA VOISINE

Sans vous mettre en courroux,
Qui le portait de la fille ou de vous ?
C'est là le point ; car monsieur votre époux
Jusques au bout a poussé l'aventure.

LA FEMME

Qui ? c'était moi. Votre tête est bien dure,

LA VOISINE

Ah ! c'est assez. Je ne m'informe plus.
J'ai pourtant l'œil assez bon, ce me semble :
J'aurais juré que je les avais vus
En ce lieu-là se divertir ensemble.
Mais excusez ; et ne la chassez pas.

LA FEMME

Pourquoi chasser ? j'en suis très bien servie.

LA VOISINE

Tant pis pour vous ! c'est justement le cas.
Vous en tenez, ma commère m'amie. »

À FEMME AVARE GALANT ESCROC

QU'UN homme soit plumé par des coquettes,
Ce n'est pour faire au miracle crier.
Gratis est mort ; plus d'amour sans payer :
En beaux louis se content les fleurettes.
Ce que je dis des coquettes s'entend.
Pour notre honneur, si me faut-il pourtant
Montrer qu'on peut, nonobstant leur adresse,
En attraper au moins une entre cent,
Et lui jouer quelque tour de souplesse.

Je choisirai pour exemple Gulphar.
Le drôle fit un trait de franc soudard ;
Car aux faveurs d'une belle il eut part
Sans débourser, escroquant la chrétienne.
Notez ceci, et qu'il vous en souvienne,
Galants d'épée ; encore bien que ce tour
Pour vous styler soit fort peu nécessaire :
Je trouverais maintenant à la cour
Plus d'un Gulphar, si j'en avais affaire.

Celui-ci donc chez sire Gasparin
Tant fréquenta, qu'il devint à la fin
De son épouse amoureux sans mesure.
Elle était jeune, et belle créature,
Plaisait beaucoup, fors un point qui gâtait
Toute l'affaire, et qui seul rebutait
Les plus ardents : c'est qu'elle était avare ;
Ce n'est pas chose en ce siècle fort rare.
Je l'ai déjà dit, rien n'y font les soupirs :
Celui-là parle une langue barbare,
Qui l'or en main n'explique ses désirs.
Le jeu, la jupe, et l'amour des plaisirs,

Sont les ressorts que Cupidon emploie :
De leur boutique il sort chez les François
Plus de cocus que du cheval de Troie
Il ne sortit de héros autrefois.
Pour revenir à l'humeur de la belle,
Le compagnon ne put rien tirer d'elle,
Qu'il ne parlât. Chacun sait ce que c'est
Que de parler ; le lecteur, s'il lui plaît,
Me permettra de dire ainsi la chose.
Gulphar donc parle, et si bien qu'il propose
Deux cents écus : la belle l'écouta ;
Et Gasparin à Gulphar les prêta
(Ce fut le bon), puis aux champs s'en alla,
Ne soupçonnant aucunement sa femme.
Gulphar les donne en présence de gens :
« Voilà, dit-il, deux cents écus comptants,
Qu'à votre époux vous donnerez, Madame. »
La belle crut qu'il avait dit cela
Par politique, et pour jouer son rôle.
Le lendemain elle le régala
Tout de son mieux, en femme de parole.
Le drôle en prit, ce jour et les suivants,
Pour son argent, et même avec usure.
À bon payeur on fait bonne mesure.

Quand Gasparin fut de retour des champs,
Gulphar lui dit, son épouse présente :
« J'ai votre argent à Madame rendu,
N'en ayant eu pour une affaire urgente
Aucun besoin, comme je l'avais cru :
Déchargez-en votre livre, de grâce. »
À ce propos, aussi froide que glace,
Notre galande avoua le reçu.
Qu'eût-elle fait ? on eût prouvé la chose.
Son regret fut d'avoir enflé la dose
De ses faveurs : c'est ce qui la fâchait.
Voyez un peu la perte que c'était !

En la quittant, Gulphar alla tout droit
Conter ce cas, le corner par la ville,
Le publier, le prêcher sur les toits.
De l'en blâmer il serait inutile :
Ainsi vit-on chez nous autres François.

On ne s'avise jamais de tout

Certain jaloux, ne dormant que d'un œil,
Interdisait tout commerce à sa femme.
Dans le dessein de prévenir la dame,
Il avait fait un fort ample recueil
De tous les tours que le sexe sait faire.
Pauvre ignorant ! comme si cette affaire
N'était une hydre, à parler franchement !
Il captivait sa femme cependant,
De ses cheveux voulait savoir le nombre,
La faisait suivre, à toute heure, en tous lieux,
Par une vieille au corps tout rempli d'yeux,
Qui la quittait aussi peu que son ombre.
Ce fou tenait son recueil fort entier :
Il le portait en guise de psautier,
Croyant par là Cocuage hors de gamme.
Un jour de fête, arrive que la dame,
En revenant de l'église, passa
Près d'un logis d'où quelqu'un lui jeta
Fort à propos plein un panier d'ordure.
On s'excusa. La pauvre créature,
Toute vilaine, entra dans le logis.
Il lui fallut dépouiller ses habits.
Elle envoya querir une autre jupe,
Dès en entrant, par cette douagna
Qui hors d'haleine à Monsieur raconta
Tout l'accident. « Foin ! dit-il, celui-là
N'est dans mon livre et je suis pris pour dupe :
Que le recueil au diable soit donné ! »
Il disait bien ; car on n'avait jeté
Cette immondice, et la dame gâté,

Qu'afin qu'elle eût quelque valable excuse
Pour éloigner son dragon quelque temps.
Un sien galant, ami de là dedans,
Tout aussitôt profita de la ruse.

Nous avons beau sur ce sexe avoir l'œil :
Ce n'est coup sûr encontre tous esclandres.
Maris jaloux, brûlez votre recueil,
Sur ma parole, et faites-en des cendres.

Jean-Honoré Fragonard
« Le Villageois qui cherche son veau »
in *Contes et nouvelles* de La Fontaine, 1775

Le Villageois qui cherche son veau

Un villageois, ayant perdu son veau,
L'alla chercher dans la forêt prochaine.
Il se plaça sur l'arbre le plus beau,
Pour mieux entendre, et pour voir dans la plaine.
Vient une dame avec un jouvenceau.
Le lieu leur plaît, l'eau leur vient à la bouche,
Et le galant, qui sur l'herbe la couche,
Crie, en voyant je ne sais quels appas :
« Ô dieux ! que vois-je ! et que ne vois-je pas ! »
Sans dire quoi : car c'étaient lettres closes.
Lors le manant les arrêtant tout coi :
« Homme de bien, qui voyez tant de choses.
Voyez-vous point mon veau ? dites-le moi. »

L'Anneau de Hans Carvel

HANS Carvel prit sur ses vieux ans
Femme jeune en toute manière :
Il prit aussi soucis cuisants ;
Car l'un sans l'autre ne va guère.
Babeau (c'est la jeune femelle),
Fille du bailli Concordat,
Fut du bon poil, ardente, et belle
Et propre à l'amoureux combat.
Carvel, craignant de sa nature
Le cocuage et les railleurs,
Alléguait à la créature
Et la Légende et l'Écriture,
Et tous les livres les meilleurs ;
Blâmait les visites secrètes,
Frondait l'attirail des coquettes,
Et contre un monde de recettes
Et de moyens de plaire aux yeux
Invectivait tout de son mieux.
À tous ces discours la galande
Ne s'arrêtait aucunement,
Et de sermons n'était friande,
À moins qu'ils fussent d'un amant.
Cela faisait que le bon sire
Ne savait tantôt plus qu'y dire,
Eût voulu souvent être mort.
Il eut pourtant dans son martyre
Quelques moments de réconfort :
L'histoire en est très véritable.
Une nuit qu'ayant tenu table,
Et bu force bon vin nouveau,

Carvel ronflait près de Babeau,
Il lui fut avis que le diable
Lui mettait au doigt un anneau ;
Qu'il lui disoit : « Je sais la peine
Qui te tourmente et qui te gêne,
Carvel, j'ai pitié de ton cas :
Tiens cette bague, et ne la lâches ;
Car, tandis qu'au doigt tu l'auras,
Ce que tu crains point ne seras,
Point ne seras sans que le saches.
— Trop ne puis vous remercier,
Dit Carvel ; la faveur est grande :
Monsieur Satan, Dieu vous le rende !
Grand merci, Monsieur l'aumônier ! »
Là-dessus achevant son somme,
Et les yeux encore aggravés,
Il se trouva que le bon homme
Avait le doigt où vous savez.

La Coupe enchantée

Les maux les plus cruels ne sont que des chansons
Près de ceux qu'aux maris cause la jalousie.
Figurez-vous un fou chez qui tous les soupçons
Sont bien venus quoi qu'on lui die.
Il n'a pas un moment de repos en sa vie :
Si l'oreille lui tinte, ô dieux ! tout est perdu.
Ses songes sont toujours que l'on le fait cocu ;
Pourvu qu'il songe c'est l'affaire :
Je ne vous voudrais pas un tel point garantir :
Car pour songer il faut dormir,
Et les jaloux ne dorment guère :
Le moindre bruit éveille un mari soupçonneux ;
Qu'à l'entour de sa femme une mouche bourdonne,
C'est Cocuage qu'en personne
Il a vu de ses propres yeux,
Si bien vu que l'erreur n'en peut être effacée.
Il veut à toute force être au nombre des sots ;
Il se maintient cocu, du moins de la pensée,
S'il ne l'est en chair et en os.
Pauvres gens ! dites-moi, qu'est-ce que Cocuage ?
Quel tort vous fait-il, quel dommage ?
Qu'est-ce enfin que ce mal dont tant de gens de bien
Se moquent avec juste cause ?
Quand on l'ignore, ce n'est rien ;
Quand on le sait, c'est peu de chose.
Vous croyez cependant que c'est un fort grand cas :
Tâchez donc d'en douter, et ne ressemblez pas
À celui-là qui but dans la coupe enchantée.
Profitez du malheur d'autrui.
Si cette histoire peut soulager votre ennui,
Je vous l'aurai bientôt contée.

Mais je vous veux premièrement
Prouver par bon raisonnement
Que ce mal dont la peur vous mine et vous consume
N'est mal qu'en votre idée, et non point dans l'effet.
En mettez-vous votre bonnet
Moins aisément que de coutume ?
Cela s'en va-t-il pas tout net ?
Voyez-vous qu'il en reste une seule apparence,
Une tache qui nuise à vos plaisirs secrets ?
Ne retrouvez-vous pas toujours les mêmes traits ?
Vous apercevez-vous d'aucune différence ?
Je tire donc ma conséquence,
Et dis, malgré le peuple ignorant et brutal :
Cocuage n'est point un mal.
« Oui, mais l'honneur est une étrange affaire ! »
Qui vous soutient que non ? ai-je dit le contraire ?
Et bien ! l'honneur ! l'honneur ! je n'entends que ce mot.
Apprenez qu'à Paris ce n'est pas comme à Rome :
Le cocu qui s'afflige y passe pour un sot ;
Et le cocu qui rit, pour un fort honnête homme.
Quand on prend comme il faut cet accident fatal,
Cocuage n'est point un mal.

Prouvons que c'est un bien : la chose est fort facile.
Tout vous rit ; votre femme est souple comme un gant ;
Et vous pourriez avoir vingt mignonnes en ville,
Qu'on n'en sonnerait pas deux mots en tout un an.
Quand vous parlez, c'est dit notable ;
On vous met le premier à table ;
C'est pour vous la place d'honneur,
Pour vous le morceau du seigneur :
Heureux qui vous le sert ! La blondine chiorme
Afin de vous gagner n'épargne aucun moyen :
Vous êtes le patron : dont je conclus en forme :
Cocuage est un bien.

Quand vous perdez au jeu, l'on vous donne revanche ;
Même votre homme écarte et ses as et ses rois.
Avez-vous sur les bras quelque monsieur Dimanche,
Mille bourses vous sont ouvertes à la fois.
Ajoutez que l'on tient votre femme en haleine :
Elle n'en vaut que mieux, n'en a que plus d'appas.

Ménélas rencontra des charmes dans Hélène
Qu'avant qu'être à Pâris la belle n'avait pas.
Ainsi de votre épouse : on veut qu'elle vous plaise.
Qui dit prude au contraire, il dit laide ou mauvaise,
Incapable en amour d'apprendre jamais rien.
Pour toutes ces raisons je persiste en ma thèse :
Cocuage est un bien.

Si ce prologue est long, la matière en est cause :
Ce n'est pas en passant qu'on traite cette chose.
Venons à notre histoire. Il était un quidam,
Dont je tairai le nom, l'état, et la patrie.
Celui-ci, de peur d'accident,
Avait juré que de sa vie
Femme ne lui serait autre que bonne amie,
Nymphe, si vous voulez, bergère, et cætera ;
Pour épouse, jamais il n'en vint jusque-là.
S'il eut tort ou raison, c'est un point que je passe.
Quoi qu'il en soit, Hymen n'ayant pu trouver grâce
Devant cet homme, il fallut que l'Amour
Se mêlât seul de ses affaires,
Eût soin de le fournir des choses nécessaires,
Soit pour la nuit, soit pour le jour.
Il lui procura donc les faveurs d'une belle,
Qui d'une fille naturelle
Le fit père, et mourut. Le pauvre homme en pleura,
Se plaignit, gémit, soupira,
Non comme qui perdrait sa femme :
Tel deuil n'est bien souvent que changement d'habits,
Mais comme qui perdrait tous ses meilleurs amis,
Son plaisir, son cœur, et son âme.
La fille crût, se fit : on pouvait déjà voir
Hausser et baisser son mouchoir.
Le temps coule : on n'est pas sitôt à la bavette
Qu'on trotte, qu'on raisonne : on devient grandelette,
Puis grande tout à fait ; et puis le serviteur.
Le père avec raison eut peur
Que sa fille, chassant de race,
Ne le prévînt, et ne prévînt encor
Prêtre, notaire, hymen, accord ;
Choses qui d'ordinaire ôtent toute la grâce
Au présent que l'on fait de soi.

La laisser sur sa bonne foi,
Ce n'était pas chose trop sûre.
Il vous mit donc la créature
Dans un couvent. Là cette belle apprit
Ce qu'on apprend : à manier l'aiguille ;
Point de ces livres qu'une fille
Ne lit qu'avec danger, et qui gâtent l'esprit ;
Le langage d'amour était jargon pour elle.
On n'eût su tirer de la belle
Un seul mot que de sainteté :
En spiritualité
Elle aurait confondu le plus grand personnage.
Si l'une des nonnains la louait de beauté :
« Mon Dieu, fi ! disait-elle ; ah ! ma sœur, soyez sage ;
Ne considérez point des traits qui périront ;
C'est terre que cela, les vers le mangeront. »
Au reste, elle n'avait au monde sa pareille
À manier un canevas,
Filait mieux que Clothon, brodait mieux que Pallas,
Tapissait mieux qu'Arachne, et mainte autre merveille.
Sa sagesse, son bien, le bruit de ses beautés,
Mais le bien plus que tout y fit mettre la presse ;
Car la belle était là comme en lieux empruntés,
Attendant mieux, ainsi que l'on y laisse
Les bons partis, qui vont souvent
Au moutier, sortant du couvent.

Vous saurez que le père avait, longtemps devant,
Cette fille légitimée.
Caliste (c'est le nom de notre renfermée)
N'eut pas la clef des champs, qu'adieu les livres saints.
Il se présenta des blondins,
De bons bourgeois, des paladins,
Des gens de tous états, de tout poil, de tout âge.
La belle en choisit un, bien fait, beau personnage,
D'humeur commode, à ce qu'il lui sembla ;
Et pour gendre aussitôt le père l'agréa.
La dot fut ample, ample fut le douaire :
La fille était unique, et le garçon aussi.
Mais ce ne fut pas là le meilleur de l'affaire :
Les mariés n'avaient souci
Que de s'aimer et de se plaire.

Deux ans de paradis s'étant passés ainsi,
L'enfer des enfers vint ensuite.
Une jalouse humeur saisit soudainement
Notre époux, qui fort sottement
S'alla mettre en l'esprit de craindre la poursuite
D'un amant qui sans lui se serait morfondu ;
Sans lui le pauvre homme eût perdu
Son temps à l'entour de la dame,
Quoique pour la gagner il tentât tout moyen.
Que doit faire un mari quand on aime sa femme ?
Rien.
Voici pourquoi je lui conseille
De dormir, s'il se peut, d'un et d'autre côté :
Si le galant est écouté,
Vos soins ne feront pas qu'on lui ferme l'oreille ;
Quant à l'occasion, cent pour une. Mais si
Des discours du blondin la belle n'a souci,
Vous le lui faites naître, et la chance se tourne.
Volontiers où Soupçon séjourne
Courage séjourne aussi [...]

ÉPIGRAMME

ALIS malade, et se sentant presser,
Quelqu'un lui dit : « Il faut se confesser ;
Voulez-vous pas mettre en repos votre âme ?
— Oui, je le veux, lui répondit la dame :
Qu'à père André l'on aille de ce pas,
Car il entend d'ordinaire mon cas. »
Un messager y court en diligence,
Sonne au couvent de toute sa puissance.
« Qui venez-vous demander ? lui dit-on.
— C'est père André, celui qui d'ordinaire
Entend Alis dans sa confession.
— Vous demandez, reprit alors un frère,
Le père André, le confesseur d'Alis ?
Il est bien loin : hélas ! le pauvre père
Depuis dix ans confesse en paradis. »

Le Différend de Beaux Yeux et de Belle Bouche

Belle Bouche et Beaux Yeux plaidaient pour les honneurs,
Devant le juge d'Amathonte.
Belle Bouche disait : Je m'en rapporte aux cœurs ;
Et leur demande s'ils font compte
De Beaux Yeux ainsi que de moi.
Qu'on examine notre emploi,
Nos traits, nos beautés, et nos charmes.
Que dis-je, notre emploi ? J'ai bien plus d'un métier :
Mais j'ignore celui de répandre des larmes :
De bon cœur je le laisse à Beaux Yeux tout entier.
Je satisfais trois sens ; eux seulement la vue.
Ma gloire est bien d'autre étendue :
L'ouïe et l'odorat ont part à mes plaisirs.
Outre qu'aux doux propos je joins les chansonnettes,
Belle Bouche fait des soupirs
Tels à peu près que les Zéphirs
En la saison des violettes.
Je sais par cent moyens rendre heureux un amant :
Vous me dispenserez de vous dire comment.
S'il s'agit entre nous d'une conquête à faire,
On voit Beaux Yeux se tourmenter :
Belle Bouche n'a qu'à parler :
Sans artifice elle sait plaire.
Quand Beaux Yeux sont fermés ce n'est pas grande affaire :
Belle Bouche à toute heure étale des trésors :
Le nacre est en dedans, le corail en dehors.
Quand je daigne m'ouvrir, il n'est richesse égale.
Les présents que nous fait la rive orientale
N'approchent pas des dons que je prétends avoir :

Trente-deux perles se font voir,
Dont la moins belle et la moins claire
Passe celles que l'Inde a dans ses régions :
Pour plus de trente-deux millions
Je ne m'en voudrais pas défaire.
Belle Bouche ainsi harangua.
Un amant pour Beaux Yeux parla :
Et, comme on peut penser, ne manqua pas de dire
Que c'est par eux qu'Amour s'introduit dans les cœurs.
Pourquoi leur reprocher les pleurs ?
Il ne faut donc pas qu'on soupire.
Mais tous les deux sont bons Belle Bouche a grand tort.
Il est des larmes de transport,
Il est des soupirs au contraire
Qui fort souvent ne disent rien :
Belle Bouche n'entend pas bien
Pour cette fois-là son affaire.
Qu'elle se taise au nom des dieux
Des appas qui lui sont départis par les cieux :
Qu'a-t-elle sur ce point qui nous soit comparable ?
Nous savons plaire en cent façons ;
Par l'éclat, la douceur, et cet art admirable
De tendre aux cœurs des hameçons.
Belle Bouche le blâme, et nous en faisons gloire.
Si l'on tient d'elle une victoire,
On en tient cent de nous : et pour une chanson
Où Belle Bouche est en renom,
Beaux Yeux le sont en plus de mille.
La Cour, le Parnasse, et la Ville
Ne retentissent tout le jour
Que du mot de Beaux Yeux et de celui d'Amour.
Dès que nous paraissons chacun nous rend les armes.
Quiconque nous appellerait
Enchanteurs, il ne mentirait,
Tant est prompt l'effet de nos charmes.
Sous un masque trompeur leur éclat fait si bien,
Que maint objet tel quel, en plus d'une rencontre,
Par ce moyen passe à la montre :
On demande qui c'est ; et souvent ce n'est rien :
Cependant Beaux Yeux sont la cause
Qu'on prend ce rien pour quelque chose.
Belle Bouche dit : J'aime ; et le disons-nous pas ?

Sans aucun bruit : notre langage
Muet qu'il est, plaît davantage
Que ces perles, ce chant, et ces autres appas
Avec quoi Belle Bouche engage.
L'avocat de Beaux Yeux fit sa péroraison
Des regards d'une intervenante.
Cette belle approcha d'une façon charmante :
Puis il dit en changeant de ton :
J'amuse ici la cour par des discours frivoles.
Ai-je besoin d'autres paroles
Que des yeux de Philis ? Juge regardez-les ;
Puis prononcez votre sentence ;
Nous gagnerons notre procès.
Philis eut quelque honte ; et puis sur l'assistance
Répandit des regards si remplis d'éloquence,
Que les papiers tombaient des mains.
Frappé de ces charmes soudains
L'auditoire inclinait pour Beaux Yeux dans son âme.
Belle Bouche, en faveur des regards de la dame
Voyant que les esprits s'allaient préoccupant,
Prit la parole, et dit : À cette rhétorique,
Dont Beaux Yeux vont ainsi les juges corrompant,
Je ne veux opposer qu'un seul mot pour réplique.
La nuit mon emploi dure encore :
Beaux yeux sont lors de peu d'usage :
On les laisse en repos ; et leur muet langage
Fait un assez froid personnage.
Chacun en demeura d'accord.
Cette raison régla la chose.
On préféra Belle Bouche à Beaux Yeux.
En quelques chefs pourtant ils eurent gain de cause,
Belle Bouche baisa le juge de son mieux.

Comment l'esprit vient aux filles

Il est un jeu divertissant sur tous,
Jeu dont l'ardeur souvent se renouvelle ;
Ce qui m'en plaît, c'est que tant de cervelle
N'y fait besoin et ne sert de deux clous.
Or, devinez comment ce jeu s'appelle.
Vous y jouez, comme aussi faisons-nous ;
Il divertit et la laide et la belle ;
Soit jour, soit nuit, à toute heure il est doux,
Car on y voit assez clair sans chandelle.
Or, devinez comment ce jeu s'appelle.
Le beau du jeu n'est connu de l'époux :
C'est chez l'amant que ce plaisir excelle,
De regardants, pour y juger des coups,
Il n'en faut point ; jamais on n'y querelle.
Or, devinez comment ce jeu s'appelle.

Qu'importe-t-il ? Sans s'arrêter au nom,
Ni badiner là-dessus davantage,
Je vais encor vous en dire un usage :
Il fait venir l'esprit et la raison.
Nous le voyons en mainte bestiole.
Avant que Lise allât en cette école,
Lise n'était qu'un misérable oison ;
Coudre et filer, c'était son exercice,
Non pas le sien, mais celui de ses doigts ;
Car que l'esprit eût part à cet office,
Ne le croyez : il n'était nuls emplois
Où Lise pût avoir l'âme occupée ;
Lise songeait autant que sa poupée.
Cent fois le jour sa mère lui disait :

« Va-t'en chercher de l'esprit, malheureuse ! »
La pauvre fille aussitôt s'en allait
Chez les voisins, affligée et honteuse,
Leur demandant où se vendait l'esprit.
On en riait ; à la fin l'on lui dit :
« Allez trouver père Bonaventure,
Car il en a bonne provision. »
Incontinent la jeune créature
S'en va le voir, non sans confusion :
Elle craignait que ce ne fût dommage
De détourner ainsi tel personnage.
« Me voudrait-il faire de tels présents,
À moi qui n'ai que quatorze ou quinze ans ?
Vaux-je cela ? » disait en soi la belle.
Son innocence augmentait ses appas :
Amour n'avait à son croc de pucelle
Dont il crût faire un aussi bon repas.

« Mon Révérend, dit-elle au béat homme,
Je viens vous voir ; des personnes m'ont dit
Qu'en ce couvent on vendait de l'esprit ;
Votre plaisir serait-il qu'à crédit
J'en pusse avoir ? non pas pour grosse somme :
À gros achat mon trésor ne suffit.
Je reviendrai, s'il m'en faut davantage ;
Et cependant prenez ceci pour gage. »
À ce discours, je ne sais quel anneau,
Qu'elle tirait de son doigt avec peine,
Ne venant point, le père dit : « Tout beau !
Nous pourvoirons à ce qui vous amène,
Sans exiger nul salaire de vous ;
Il est marchande et marchande, entre nous :
À l'une on vend ce qu'à l'autre l'on donne.
Entrez ici, suivez-moi hardiment ;
Nul ne nous voit, aucun ne nous entend :
Tous sont au chœur ; le portier est personne
Entièrement à ma dévotion,
Et ces murs ont de la discrétion. »
Elle le suit ; ils vont à sa cellule.
Mon Révérend la jette sur un lit,
Veut la baiser. La pauvrette recule
Un peu la tête ; et l'innocente dit :

« Quoi ! c'est ainsi qu'on donne de l'esprit ?
— Et vraiment oui », repart Sa Révérence ;
Puis il lui met la main sur le teton.
« Encore ainsi ? — Vraiment oui ; comment donc ? »
La belle prend le tout en patience.
Il suit sa pointe, et d'encor en encor.
Toujours l'esprit s'insinue et s'avance,
Tant et si bien qu'il arrive à bon port.
Lise riait du succès de la chose.
Bonaventure à six moments de là
Donne d'esprit une seconde dose.
Ce ne fut tout, une autre succéda ;
La charité du beau père était grande.
« Eh bien ! dit-il, que vous semble du jeu ?
— À nous venir l'esprit tarde bien peu »,
Reprit la belle. Et puis elle demande :
« Mais s'il s'en va ? — S'il s'en va, nous verrons ;
D'autres secrets se mettent en usage.
— N'en cherchez point, dit Lise, davantage ;
De celui-ci nous nous contenterons.
— Soit fait, dit-il, nous recommencerons,
Au pis aller, tant et tant qu'il suffise. »
Le pis aller sembla le mieux à Lise.
Le secret même encor se répéta
Par le pater : il aimait cette danse.
Lise lui fait une humble révérence,
Et s'en retourne en songeant à cela.

Lise songer ! Quoi ? déjà Lise songe !
Elle fait plus : elle cherche un mensonge,
Se doutant bien qu'on lui demanderait,
Sans y manquer, d'où ce retard venait.
Deux jours après, sa compagne Nanette
S'en vient la voir : pendant leur entretien
Lise rêvait ; Nanette comprit bien,
Comme elle était clairvoyante et finette,
Que Lise alors ne rêvait pas pour rien.
Elle fait tant, tourne tant son amie,
Que celle-ci lui déclare le tout :
L'autre n'était à l'ouïr endormie.
Sans rien cacher, Lise de bout en bout,
De point en point, lui conte le mystère,

Dimensions de l'esprit du beau père,
Et les encore, enfin tout le péché.

« Mais vous, dit-elle, apprenez-nous de grâce
Quand et par qui l'esprit vous fut donné. »
Anne reprit : « Puisqu'il faut que je fasse
Un libre aveu, c'est votre frère Alain
Qui m'a donné de l'esprit un matin.
— Mon frère Alain ? Alain ! s'écria Lise,
Alain mon frère ! ah ! je suis bien surprise :
Il n'en a point, comme en donnerait-il ?
— Sotte, dit l'autre, hélas ! tu n'en sais guère :
Apprends de moi que pour pareille affaire
Il n'est besoin que l'on soit si subtil.
Ne me crois-tu ? sache-le de ta mère :
Elle est experte au fait dont il s'agit ;
Si tu ne veux, demande au voisinage ;
Sur ce point-là l'on t'aura bientôt dit :
"Vivent les sots pour donner de l'esprit !" »
Lise s'en tint à ce seul témoignage,
Et ne crut pas devoir parler de rien.

Vous voyez donc que je disais fort bien
Quand je disais que ce jeu-là rend sage.

Pâté d'anguille

Même beauté, tant soit exquise,
Rassasie et soûle à la fin.
Il me faut d'un et d'autre pain :
Diversité, c'est ma devise.

Cette maîtresse un tantet bise
Rit à mes yeux : pourquoi cela ?
C'est qu'elle est neuve ; et celle-là,
Qui depuis longtemps m'est acquise,
Blanche qu'elle est, en nulle guise
Ne me cause d'émotion.
Son cœur dit oui ; le mien dit non.
D'où vient ? en voici la raison :
Diversité, c'est ma devise.

Je l'ai jà dit d'autre façon,
Car il est bon que l'on déguise,
Suivant la loi de ce dicton :
Diversité, c'est ma devise.

Ce fut celle aussi d'un mari
De qui la femme était fort belle.
Il se trouva bientôt guéri
De l'amour qu'il avait pour elle :
L'hymen et la possession
Éteignirent sa passion.
Un sien valet avait pour femme
Un petit bec assez mignon :
Le maître, étant bon compagnon,
Eut bientôt empaumé la dame.

Cela ne plut pas au valet,
Qui, les ayant pris sur le fait,
Vendiqua son bien de couchette
À sa moitié chanta goguette,
L'appela tout net et tout franc...
Bien sot de faire un bruit si grand
Pour une chose si commune ;
Dieu nous gard de plus grand'fortune !
Il fit à son maître un sermon.
« Monsieur, dit-il, chacun la sienne,
Ce n'est pas trop ; Dieu et raison
Vous recommandent cette antienne.
Direz-vous : "Je suis sans chrétienne ?"
Vous en avez à la maison
Une qui vaut cent fois la mienne.
Ne prenez donc pas tant de peine :
C'est pour ma femme trop d'honneur ;
Il ne lui faut si gros monsieur.
Tenons-nous chacun à la nôtre ;
N'allez point à l'eau chez un autre,
Ayant plein puits de ces douceurs :
Je m'en rapporte aux connaisseurs.
Si Dieu m'avait fait tant de grâce
Qu'ainsi que vous je disposasse
De Madame, je m'y tiendrais,
Et d'une reine ne voudrais.
Mais, puisqu'on ne saurait défaire
Ce qui s'est fait, je voudrais bien
(Ceci soit dit sans vous déplaire)
Que, content de votre ordinaire,
Vous ne goûtassiez plus du mien. »

Le patron ne voulut lui dire
Ni oui ni non sur ce discours,
Et commanda que tous les jours
On mît aux repas près du sire
Un pâté d'anguille : ce mets
Lui chatouillait fort le palais.
Avec un appétit extrême
Une et deux fois il en mangea ;
Mais quand ce vint à la troisième,
La seule odeur le dégoûta.

Il voulut sur une autre viande
Mettre la main ; on l'empêcha :
« Monsieur, dit-on, nous le commande ;
Tenez-vous-en à ce mets-là.
Vous l'aimez : qu'avez-vous à dire ?
— M'en voilà soûl, reprit le sire,
Eh quoi ! toujours pâtés au bec !
Pas une anguille de rôtie !
Pâtés tous les jours de ma vie !
J'aimerais mieux du pain tout sec :
Laissez-moi prendre un peu du vôtre.
Pain de par Dieu, ou de par l'autre !
Au diable ces pâtés maudits !
Ils me suivront en paradis,
Et par delà, Dieu me pardonne ! »

Le maître accourt soudain au bruit ;
Et, prenant sa part du déduit :
« Mon ami, dit-il, je m'étonne
Que d'un mets si plein de bonté
Vous soyez si tôt dégoûté.
Ne vous ai-je pas oui dire
Que c'était votre grand ragoût ?
Il faut qu'en peu de temps, beau sire,
Vous ayez bien changé de goût.
Qu'ai-je fait qui fût plus étrange ?
Vous me blâmez lorsque je change
Un mets que vous croyez friand,
Et vous en faites tout autant !
Mon doux ami, je vous apprend
Que ce n'est pas une sottise,
En fait de certains appétits,
De changer son pain blanc en bis :
Diversité, c'est ma devise. »

Quand le maître eut ainsi parlé,
Le valet fut tout consolé.
Non que ce dernier n'eût à dire
Quelque chose encor là-dessus :
Car après tout, doit-il suffire
D'alléguer son plaisir sans plus ?
« J'aime le change. » À la bonne heure !

On vous l'accorde ; mais gagnez,
S'il se peut, les intéressés ;
Cette voie est bien la meilleure :
Suivez-la donc. À dire vrai,
Je crois que l'amateur du change
De ce conseil tenta l'essai.
On dit qu'il parlait comme un ange,
De mots dorés usant toujours :
Mots dorés font tout en amours,
C'est une maxime constante.
Chacun sait quelle est mon entente :
J'ai rebattu cent et cent fois
Ceci dans cent et cent endroits ;
Mais la chose est si nécessaire
Que je ne puis jamais m'en taire,
Et redirai jusques au bout :
Mots dorés en amours font tout.
Ils persuadent la donzelle,
Son petit chien, sa demoiselle,
Son époux quelquefois aussi.
C'est le seul qu'il fallait ici
Persuader : il n'avait l'âme
Sourde à cette éloquence ; et, dame !
Les orateurs du temps jadis
N'en ont de telle en leurs écrits.

Notre jaloux devint commode ;
Même on dit qu'il suivit la mode
De son maître, et toujours depuis
Changea d'objets en ses déduits.
Il n'était bruit que d'aventures
Du chrétien et de créatures.
Les plus nouvelles sans manquer
Étaient pour lui les plus gentilles :
Par où le drôle en put croquer
Il en croqua : femmes et filles,
Nymphes, grisettes, ce qu'il put.
Toutes étaient de bonne prise ;
Et sur ce point, tant qu'il vécut,
Diversité fut sa devise.

LE CUVIER

SOYEZ amant, vous serez inventif ;
Tour ni détour, ruse ni stratagème,
Ne vous faudront : le plus jeune apprentif
Est vieux routier dès le moment qu'il aime :
On ne vit onc que cette passion
Demeurât courte faute d'invention ;
Amour fait tant qu'enfin il a son compte.
Certain cuvier, dont on fait certain conte,
En fera foi. Voici ce que j'en sais,
Et qu'un quidam me dit ces jours passés.

Dedans un bourg ou ville de province
(N'importe pas du titre ni du nom),
Un tonnelier et sa femme Nanon
Entretenait un ménage assez mince.
De l'aller voir Amour n'eut à mépris ;
Y conduisant un de ses bons amis,
C'est Cocuage ; il fut de la partie :
Dieux familiers et sans cérémonie,
Se trouvant bien dans toute hôtellerie ;
Tout est pour eux bon gîte et bon logis,
Sans regarder si c'est Louvre ou cabane.
Un drôle donc caressait madame Anne ;
Ils en étaient sur un point, sur un point...
C'est dire assez de ne le dire point ;
Lorsque l'époux revient tout hors d'haleine
Du cabaret, justement, justement...
C'est dire encor ceci bien clairement.
On le maudit ; nos gens sont fort en peine.
Tout ce qu'on put fut de cacher l'amant ;

On vous le serre en hâte et promptement
Sous un cuvier dans une cour prochaine.
Tout en entrant l'époux dit : « J'ai vendu
Notre cuvier. — Combien ? dit madame Anne.
— Quinze beaux francs. — Va ; tu n'es qu'un gros âne,
Repartit-elle, et je t'ai d'un écu
Fait aujourd'hui profit par mon adresse,
L'ayant vendu six écus avant toi.
Le marchand voit s'il est de bon aloi,
Et par dedans le tâte pièce à pièce,
Examinant si tout est comme il faut,
Si quelque endroit n'a point quelque défaut.
Que ferais-tu, malheureux, sans ta femme ?
Monsieur s'en va chopiner, cependant
Qu'on se tourmente ici le corps et l'âme :
Il faut agir sans cesse en l'attendant.
Je n'ai goûté jusqu'ici nulle joie ;
J'en goûterai désormais, attends-t'y.
Voyez un peu : le galant a bon foie ;
Je suis d'avis qu'on laisse à tel mari
Telle moitié ! — Doucement, notre épouse,
Dit le bon homme. Or sus, Monsieur, sortez :
Ça, que je racle un peu de tous côtés
Votre cuvier, et puis que je l'arrouse ;
Par ce moyen vous verrez s'il tient eau :
Je vous réponds qu'il n'est moins bon que beau. »

Le galant sort ; l'époux entre à sa place,
Racle par tout, la chandelle à la main,
Deçà, delà, sans qu'il se doute brin
De ce qu'Amour en dehors vous lui brasse :
Rien n'en put voir ; et pendant qu'il repasse
Sur chaque endroit, affublé du cuveau,
Les dieux susdits lui viennent de nouveau
Rendre visite, imposant un ouvrage
À nos amants bien différent du sien.
Il regratta, gratta, frotta si bien
Que notre couple, ayant repris courage,
Reprit aussi le fil de l'entretien
Qu'avait troublé le galant personnage.

Dire comment le tout se put passer,
Ami lecteur, tu dois m'en dispenser :
Suffit que j'ai très bien prouvé ma thèse.
Ce tour fripon du couple augmentait l'aise ;
Nul d'eux n'était à tels jeux apprentif.
Soyez amant, vous serez inventif.

Jean-Michel Moreau
« Mazet de Lamporechio »
in *Œuvres*, La Fontaine, nouvelle édition revue,
Paris, Lefèvre, 1822-1823

Mazet de Lamporechio

Le voile n'est le rempart le plus sûr
Contre l'amour, ni le moins accessible :
Un bon mari, mieux que grille ni mur,
Y pourvoira, si pourvoir est possible.
C'est à mon sens une erreur trop visible
À des parents, pour ne dire autrement,
De présumer, après qu'une personne
Bon gré, mal gré, s'est mise en un couvent,
Que Dieu prendra ce qu'ainsi l'on lui donne :
Abus, abus ! je tiens que le Malin
N'a revenu plus clair et plus certain
(Sauf toutefois l'assistance divine).
Encore un coup, ne faut qu'on s'imagine
Que d'être pure et nette de péché
Soit privilège à la guimpe attaché.
Nenni da, non ; je prétends qu'au contraire
Filles du monde ont toujours plus de peur
Que l'on ne donne atteinte à leur honneur ;
La raison est qu'elles en ont affaire.
Moins d'ennemis attaquent leur pudeur ;
Les autres n'ont pour un seul adversaire :
Tentation, fille d'Oisiveté,
Ne manque pas d'agir de son côté ;
Puis le Désir, enfant de la Contrainte.
Ma fille est nonne, *ergo* c'est une sainte :
Mal raisonner. Des quatre parts les trois
En ont regret et se mordent les doigts ;
Font souvent pis ; au moins l'ai-je ouï dire,
Car pour ce point je parle sans savoir.

Boccace en fait certain conte pour rire,
Que j'ai rimé comme vous allez voir.

Un bon vieillard en un couvent de filles
Autrefois fut, labourait le jardin.
Elles étaient toutes assez gentilles,
Et volontiers jasaient dès le matin.
Tant ne songeaient au service divin
Qu'à soi montrer ès parloirs aguimpées
Bien blanchement, comme droites poupées,
Prête chacune à tenir coup aux gens ;
Et n'était bruit qu'il se trouvât léans
Fille qui n'eût de quoi rendre le change,
Se renvoyant l'une à l'autre l'éteuf.

Huit sœurs étaient, et l'abbesse sont neuf.
Si mal d'accord que c'était chose étrange.
De la beauté, la plupart en avaient ;
De la jeunesse, elles en avaient toutes.
En cettui lieu beaux pères fréquentaient,
Comme on peut croire ; et tant bien supputaient
Qu'il ne manquait à tomber sur leurs routes.
Le bon vieillard jardinier dessus dit,
Près de ces sœurs perdait presque l'esprit.
À leur caprice il ne pouvait suffire ;
Toutes voulaient au vieillard commander,
Dont, ne pouvant entre elles s'accorder,
Il souffrait plus que l'on ne saurait dire.
Force lui fut de quitter la maison :
Il en sortit de la même façon
Qu'était entré là dedans le pauvre homme,
Sans croix ne pile, et n'ayant rien en somme
Qu'un vieil habit. Certain jeune garçon
De Lamporech, si j'ai bonne mémoire,
Dit au vieillard un beau jour après boire,
Et raisonnant sur le fait des nonnains,
Qu'il passerait bien volontiers sa vie
Près de ces sœurs, et qu'il avait envie
De leur offrir son travail et ses mains,
Sans demander récompense ni gages.
Le compagnon ne visait à l'argent :
Trop bien croyait, ces sœurs étant peu sages,

Qu'il en pourrait croquer une en passant,
Et puis une autre, et puis toute la troupe.
Nuto lui dit (c'est le nom du vieillard) :
« Crois-moi, Mazet, mets-toi quelque autre part.
J'aimerais mieux être sans pain ni soupe
Que d'employer en ce lieu mon travail.
Les nonnes sont un étrange bétail :
Qui n'a tâté de cette marchandise
Ne sait encor ce que c'est que tourment.
Je te le dis, laisse là ce couvent ;
Car d'espérer les servir à leur guise,
C'est un abus : l'une voudra du mou,
L'autre du dur ; par quoi je te tiens fou,
D'autant plus fou que ces filles sont sottes.
Tu n'auras pas œuvre faite, entre nous ;
L'une voudra que tu plantes des choux,
L'autre voudra que ce soit des carottes. »
Mazet reprit : « Ce n'est pas là le point.
Vois-tu, Nuto, je ne suis qu'une bête ;
Mais dans ce lieu tu ne me verras point
Un mois entier sans qu'on m'y fasse fête.
La raison est que je n'ai que vingt ans ;
Et, comme toi, je n'ai pas fait mon temps.
Je leur suis propre, et ne demande en somme
Que d'être admis. » Dit alors le bon homme :
« Au factotum tu n'as qu'à t'adresser ;
Allons-nous-en de ce pas lui parler.
— Allons, dit l'autre... Il me vient une chose
Dedans l'esprit ; je ferai le muet
Et l'idiot. — Je pense qu'en effet,
Reprit Nuto, cela peut être cause
Que le pater avec le factotum
N'auront de toi ni crainte ni soupçon. »

La chose alla comme ils l'avaient prévue.
Voilà Mazet, à qui pour bienvenue
L'on fait bêcher la moitié du jardin.
Il contrefait le sot et le badin,
Et cependant laboure comme un sire,
Autour de lui les nonnes allaient rire.

Un certain jour le compagnon dormant,
Ou bien feignant de dormir, il n'importe
(Boccace dit qu'il en faisait semblant),
Deux des nonnains le voyant de la sorte
Seul au jardin, car sur le haut du jour
Nulle des sœurs ne faisait long séjour
Hors le logis, le tout crainte du hâle ;
De ces deux donc l'une approchant Mazet
Dit à sa sœur : « Dedans ce cabinet
Menons ce sot. » Mazet était beau mâle,
Et la galande à le considérer
Avait pris goût ; pourquoi, sans différer,
Amour lui fit proposer cette affaire.
L'autre reprit : « Là dedans ? et quoi faire ?
— Quoi ? dit la sœur ; je ne sais, l'on verra ;
Ce que l'on fait alors qu'on en est là :
Ne dit-on pas qu'il se fait quelque chose ?
— Jésus ! reprit l'autre sœur se signant,
Que dis-tu là ? notre règle défend
De tels pensers. S'il nous fait un enfant ?
Si l'on nous voit ? Tu t'en vas être cause
De quelque mal. — On ne nous verra point,
Dit la première, et, quant à l'autre point,
C'est s'alarmer avant que le coup vienne :
Usons du temps, sans nous tant mettre en peine,
Et sans prévoir les choses de si loin.
Nul n'est ici ; nous avons tout à point :
L'heure, et le lieu, si touffu que la vue
N'y peut passer ; et puis sur l'avenue
Je suis d'avis qu'une fasse le guet,
Tandis que l'autre étant avec Mazet
À son bel aise aura lieu de s'instruire :
Il est muet et n'en pourra rien dire.
— Soit fait, dit l'autre ; il faut à ton désir
Acquiescer, et te faire plaisir.
Je passerai, si tu veux, la première
Pour t'obliger : au moins à ton loisir
Tu t'ébattras puis après de manière
Qu'il ne sera besoin d'y retourner.
Ce que j'en dis n'est que pour t'obliger.
— Je le vois bien, dit l'autre, plus sincère :
Tu ne voudrais sans cela commencer

Assurément, et tu serais honteuse. »
Tant y resta cette sœur scrupuleuse,
Qu'à la fin l'autre, allant la dégager,
De faction la fut faire changer.
Notre muet fait nouvelle partie :
Il s'en tira non si gaillardement ;
Cette sœur fut beaucoup plus mal lotie ;
Le pauvre gars acheva simplement
Trois fois le jeu, puis après il fit chasse.
Les deux nonnains n'oublièrent la trace
Du cabinet, non plus que du jardin ;
Il ne fallait leur montrer le chemin.
Mazet pourtant se ménagea de sorte
Qu'à sœur Agnès, quelques jours ensuivant,
Il fit apprendre une semblable note
En un pressoir tout au bout du couvent.
Sœur Angélique et sœur Claude suivirent,
L'une au dortoir, l'autre dans un cellier ;
Tant qu'à la fin la cave et le grenier
Du fait des sœurs maintes choses apprirent.
Point n'en resta que le sire Mazet
Ne régalât au moins mal qu'il pouvait.
L'abbesse aussi voulut entrer en danse :
Elle eut son droit, double et triple pitance ;
De quoi les sœurs jeûnèrent très longtemps.
Mazet n'avait faute de restaurants ;
Mais restaurants ne sont pas grande affaire
À tant d'emploi. Tant pressèrent le hère,
Qu'avec l'abbesse un jour venant au choc :
« J'ai toujours ouï, ce dit-il, qu'un bon coq
N'en a que sept ; au moins qu'on ne me laisse
Toutes les neuf. — Miracle ! dit l'abbesse ;
Venez, mes sœurs, nos jeûnes ont tant fait
Que Mazet parle. » À l'entour du muet,
Non plus muet, toutes huit accoururent,
Tinrent chapitre, et sur l'heure conclurent
Qu'à l'avenir Mazet serait choyé
Pour le plus sûr ; car qu'il fût renvoyé,
Cela rendrait la chose manifeste.
Le compagnon, bien nourri, bien payé,
Fit ce qu'il put, d'autres firent le reste.

Il les engea de petits Mazillons,
Desquels on fit de petits moinillons :
Ces moinillons devinrent bientôt pères,
Comme les sœurs devinrent bientôt mères,
À leur regret, pleines d'humilité :
Mais jamais nom ne fut mieux mérité.

Le Tableau

On m'engage à conter d'une manière honnête
Le sujet d'un de ces tableaux
Sur lesquels on met des rideaux ;
Il me faut tirer de ma tête
Nombre de traits nouveaux, piquants, et délicats,
Qui disent et ne disent pas,
Et qui soient entendus sans notes
Des Agnès même les plus sottes :
Ce n'est pas coucher gros ; ces extrêmes Agnès
Sont oiseaux qu'on ne vit jamais.

Toute matrone sage, à ce que dit Catulle,
Regarde volontiers le gigantesque don
Fait au fruit de Vénus par la main de Junon :
À ce plaisant objet si quelqu'une recule,
Cette quelqu'une dissimule.
Ce principe posé, pourquoi plus de scrupule,
Pourquoi moins de licence aux oreilles qu'aux yeux ?
Puisqu'on le veut ainsi, je ferai de mon mieux :
Nuls traits à découvert n'auront ici de place ;
Tout y sera voilé, mais de gaze, et si bien
Que je crois qu'on n'en perdra rien.
Qui pense finement et s'exprime avec grâce
Fait tout passer, car tout passe :
Je l'ai cent fois éprouvé ;
Quand le mot est bien trouvé,
Le sexe, en sa faveur, à la chose pardonne :
Ce n'est plus elle alors, c'est elle encor pourtant ;
Vous ne faites rougir personne,
Et tout le monde vous entend.

J'ai besoin aujourd'hui de cet art important.
« Pourquoi, me dira-t-on, puisque sur ces merveilles
Le sexe porte l'œil sans toutes ces façons ? »
Je réponds à cela : « Chastes sont ses oreilles,
Encor que les yeux soient fripons. »

Je veux, quoi qu'il en soit, expliquer à des belles
Cette chaise rompue, et ce rustre tombé.
Muses, venez m'aider : mais vous êtes pucelles,
Au joli jeu d'amour ne sachant A ni B.
Muses, ne bougez donc ; seulement par bonté
Dites au dieu des vers que dans mon entreprise
Il est bon qu'il me favorise,
Et de mes mots fasse le choix,
Ou je dirai quelque sottise
Qui me fera donner du busque sur les doigts.
C'est assez raisonner ; venons à la peinture :
Elle contient une aventure
Arrivée au pays d'Amours.

Jadis la ville de Cythère
Avait en l'un de ses faubourgs
Un monastère ;
Vénus en fit un séminaire :
Il était de nonnains, et je puis dire ainsi
Qu'il était de galants aussi.
En ce lieu hantaient d'ordinaire
Gens de cour, gens de ville, et sacrificateurs
Et docteurs,
Et bacheliers surtout. Un de ce dernier ordre
Passait dans la maison pour être des amis.
Propre, toujours rasé, bien disant, et beau fils,
Sur son chapeau luisant, sur son rabat bien mis,
La médisance n'eût su mordre.
Ce qu'il avait de plus charmant
C'est que deux des nonnains alternativement
En tiraient maint et maint service.
L'une n'avait quitté les atours de novice
Que depuis quelques mois ; l'autre encor les portait.
La moins jeune à peine comptait
Un an entier par-dessus seize ;
Âge propre à soutenir thèse,

Thèse d'amour : le bachelier
Leur avait rendu familier
Chaque point de cette science,
Et le tout par expérience.

Une assignation pleine d'impatience
Fut un jour par les sœurs donnée à cet amant ;
Et, pour rendre complet le divertissement,
Bacchus avec Cérès, de qui la compagnie
Met Vénus en train bien souvent,
Devaient être ce coup de la cérémonie.
Propreté toucha seule aux apprêts du régal ;
Elle sut s'en tirer avec beaucoup de grâce :
Tout passa par ses mains, et le vin, et la glace,
Et les carafes de cristal ;
On s'y serait miré. Flore à l'haleine d'ambre
Sema de fleurs toute la chambre :
Elle en fit un jardin. Sur le linge, ces fleurs
Formaient des lacs d'amour, et le chiffre des sœurs.
Leurs cloîtrières Excellences
Aimaient fort ces magnificences :
C'est un plaisir de nonne. Au reste, leur beauté
Aiguisait l'appétit aussi de son côté.
Mille secrètes circonstances
De leurs corps polis et charmants
Augmentaient l'ardeur des amants.
Leur taille était presque semblable ;
Blancheur, délicatesse, embonpoint raisonnable,
Fermeté : tout charmait, tout était fait au tour ;
En mille endroits nichait l'Amour,
Sous une guimpe, un voile, et sous un scapulaire,
Sous ceci, sous cela, que voit peu l'œil du jour,
Si celui du galant ne l'appelle au mystère.
À ces sœurs l'enfant de Cythère
Mille fois le jour s'en venait
Les bras ouverts, et les prenait
L'une après l'autre pour sa mère.

Tel ce couple attendait le bachelier trop lent ;
Et de lui, tout en l'attendant,
Elles disaient du mal, puis du bien ; puis les belles
Imputaient son retardement

À quelques amitiés nouvelles.
« Qui peut le retenir ? disait l'une ; est-ce amour ?
Est-ce affaire ? est-ce maladie ?
— Qu'il y revienne de sa vie,
Disait l'autre ; il aura son tour. »

Tandis qu'elles cherchaient là-dessous du mystère,
Passe un Mazet portant à la dépositaire
Certain fardeau peu nécessaire :
Ce n'était qu'un prétexte ; et, selon qu'on m'a dit,
Cette dépositaire, ayant grand appétit,
Faisait sa portion des talents de ce rustre,
Tenu, dans tels repas, pour un traiteur illustre.
Le coquin, lourd d'ailleurs, et de très court esprit,
À la cellule se méprit :
Il alla chez les attendantes
Frapper avec ses mains pesantes.

On ouvre ; on est surpris. On le maudit d'abord,
Puis on voit que c'est un trésor.
Les nonnains s'éclatent de rire.
Toutes deux commencent à dire,
Comme si toutes deux s'étaient donné le mot :
« Servons-nous de ce maître sot ;
Il vaut bien l'autre ; que t'en semble ? »
La professe ajouta : « C'est très bien avisé.
Qu'attendions-nous ici ? Qu'il nous fût débité
De beaux discours ? Non, non, ni rien qui leur ressemble.
Ce pitaud doit valoir, pour le point souhaité,
Bachelier et docteur ensemble. »
Elle en jugeait très bien : la taille du garçon,
Sa simplicité, sa façon,
Et le peu d'intérêt qu'en tout il semblait prendre,
Faisaient de lui beaucoup attendre.
C'était l'homme d'Ésope : il ne songeait à rien,
Mais il buvait et mangeait bien ;
Et, si Xantus l'eût laissé faire,
Il aurait poussé loin l'affaire.
Ainsi, bientôt apprivoisé,
Il se trouva tout disposé
Pour exécuter sans remise

Les ordres des nonnains, les servant à leur guise
Dans son office de Mazet,
Dont il lui fut donné par les sœurs un brevet.

Ici la peinture commence :
Nous voilà parvenus au point ;
Dieu des vers, ne me quitte point :
J'ai recours à ton assistance.
Dis-moi pourquoi ce rustre assis,
Sans peine de sa part, et très fort à son aise,
Laisse le soin de tout aux amoureux soucis
De sœur Claude et de sœur Thérèse.
N'aurait-il pas mieux fait de leur donner la chaise ?

Il me semble déjà que je vois Apollon
Qui me dit : « Tout beau ! ces matières
À fond ne s'examinent guères. »
J'entends ; et l'Amour est un étrange garçon ;
J'ai tort d'ériger un fripon
En maître de cérémonies.
Dès qu'il entre en une maison,
Règles et lois en sont bannies ;
Sa fantaisie est sa raison.
Le voilà qui rompt tout ; c'est assez sa coutume :
Ses jeux sont violents. À terre on vit bientôt
Le galant cathédral. Ou soit par le défaut
De la chaise un peu faible, ou soit que du pitaud
Le corps ne fût pas fait de plume,
Ou soit que sœur Thérèse eût chargé d'action
Son discours véhément et plein d'émotion,
On entendit craquer l'amoureuse tribune :
Le rustre tombe à terre en cette occasion.
Ce premier point eut par fortune
Malheureuse conclusion.

Censeurs, n'approchez point d'ici votre œil profane.
Vous, gens de bien, voyez comme sœur Claude mit
Un tel incident à profit.
Thérèse en ce malheur perdit la tramontane :
Claude la débusqua, s'emparant du timon.
Thérèse, pire qu'un démon,
Tâche à la retirer, et se remettre au trône ;

Mais celle-ci n'est pas personne
À céder un poste si doux.
Sœur Claude, prenez garde à vous :
Thérèse en veut venir aux coups ;
Elle a le poing levé. « Qu'elle ait ! » C'est bien répondre.
Quiconque est occupé comme vous ne sent rien ;
Je ne m'étonne pas que vous sachiez confondre
Un petit mal dans un grand bien.
Malgré la colère marquée
Sur le front de la débusquée,
Claude suit son chemin, le rustre aussi le sien :
Thérèse est mal contente, et gronde.

Les plaisirs de Vénus sont sources de débats ;
Leur fureur n'a point de seconde :
J'en prends à témoin les combats
Qu'on vit sur la terre et sur l'onde,
Lorsque Pâris à Ménélas
Ôta la merveille du monde.
Qu'un pitaud faisant naître un aussi grand procès
Tînt ici lieu d'Hélène, une foi sans excès
Le peut croire, et fort bien : troublez nonne en sa joie,
Vous verrez la guerre de Troie.
Quoique Bellone ait part ici,
J'y vois peu de corps de cuirasse.
Dame Vénus se couvre ainsi
Quand elle entre en champ clos avec le dieu de Thrace.
Cette armure a beaucoup de grâce.
Belles, vous m'entendez ; je n'en dirai pas plus :
L'habit de guerre de Vénus
Est plein de choses admirables !
Les cyclopes aux membres nus
Forgent peu de harnais qui lui soient comparables ;
Celui du preux Achille aurait été plus beau,
Si Vulcan eût dessus gravé notre tableau.
Or ai-je des nonnains mis en vers l'aventure,
Mais non avec des traits dignes de l'action,
Et comme celle-ci déchet dans la peinture,
La peinture déchet dans ma description.
Les mots et les couleurs ne sont choses pareilles ;
Ni les yeux ne sont les oreilles.

J'ai laissé longtemps au filet
Sœur Thérèse la détrônée :
Elle eut son tour ; notre Mazet
Partagea si bien sa journée
Que chacun fut content. L'histoire finit là :
Du festin pas un mot. Je veux croire, et pour cause,
Que l'on but et que l'on mangea ;
Ce fut l'intermède et la pause.
Enfin tout alla bien, hormis qu'en bonne foi
L'heure du rendez-vous m'embarrasse. Et pourquoi ?
Si l'amant ne vint pas, sœur Claude et sœur Thérèse
Eurent à tout le moins de quoi se consoler :
S'il vint, on sut cacher le lourdaud et la chaise ;
L'amant trouva bientôt encore à qui parler.

La Matrone d'Éphèse

S'il est un conte usé, commun, et rebattu,
C'est celui qu'en ces vers j'accommode à ma guise.
« Et pourquoi donc le choisis-tu ?
Qui t'engage à cette entreprise ?
N'a-t-elle point déjà produit assez d'écrits ?
Quelle grâce aura ta Matrone
Au prix de celle de Pétrone ?
Comment la rendras-tu nouvelle à nos esprits ? »
Sans répondre aux censeurs, car c'est chose infinie,
Voyons si dans mes vers je l'aurai rajeunie.
Dans Éphèse il fut autrefois
Une dame en sagesse et vertus sans égale,
Et, selon la commune voix,
Ayant su raffiner sur l'amour conjugale.
Il n'était bruit que d'elle et de sa chasteté :
On l'allait voir par rareté ;
C'était l'honneur du sexe : heureuse sa patrie !
Chaque mère à sa bru l'alléguait pour patron ;
Chaque époux la prônait à sa femme chérie :
D'elle descendent ceux de la Prudoterie,
Antique et célèbre maison.
Son mari l'aimait d'amour folle.

Il mourut. De dire comment,
Ce serait un détail frivole.
Il mourut ; et son testament
N'était plein que de legs qui l'auraient consolée,
Si les biens réparaient la perte d'un mari
Amoureux autant que chéri.
Mainte veuve pourtant fait la déchevelée,

Qui n'abandonne pas le soin du demeurant,
Et du bien qu'elle aura fait le compte en pleurant.
Celle-ci, par ses cris, mettait tout en alarme ;
        Celle-ci faisait un vacarme,
Un bruit et des regrets à percer tous les cœurs ;
        Bien qu'on sache qu'en ces malheurs,
De quelque désespoir qu'une âme soit atteinte,
La douleur est toujours moins forte que la plainte :
Toujours un peu de faste entre parmi les pleurs.
Chacun fit son devoir de dire à l'affligée
Que tout a sa mesure, et que de tels regrets
        Pourraient pécher par leur excès :
Chacun rendit par là sa douleur rengrégée.
Enfin, ne voulant plus jouir de la clarté
        Que son époux avait perdue,
Elle entre dans sa tombe, en ferme volonté
D'accompagner cette ombre aux Enfers descendue.

Et voyez ce que peut l'excessive amitié,
Ce mouvement aussi va jusqu'à la folie,
Une esclave en ce lieu la suivit par pitié,
        Prête à mourir de compagnie ;
Prête, je m'entends bien, c'est-à-dire, en un mot,
N'ayant examiné qu'à demi ce complot,
Et jusques à l'effet courageuse et hardie.
L'esclave avec la dame avait été nourrie ;
Toutes deux s'entr'aimaient, et cette passion
Était crue avec l'âge au cœur des deux femelles :
Le monde entier à peine eût fourni deux modèles
        D'une telle inclination.
Comme l'esclave avait plus de sens que la dame,
Elle laissa passer les premiers mouvements ;
Puis tâcha, mais en vain, de remettre cette âme
Dans l'ordinaire train des communs sentiments.
Aux consolations la veuve inaccessible
S'appliquait seulement à tout moyen possible
De suivre le défunt aux noirs et tristes lieux.
Le fer aurait été le plus court et le mieux ;
Mais la dame voulait paître encore ses yeux
        Du trésor qu'enfermait la bière,
        Froide dépouille, et pourtant chère :
        C'était là le seul aliment

Qu'elle prît en ce monument.
La faim donc fut celle des portes
Qu'entre d'autres de tant de sortes
Notre veuve choisit pour sortir d'ici-bas.
Un jour se passe, et deux, sans autre nourriture
Que ses profonds soupirs, que ses fréquents hélas,
Qu'un inutile et long murmure
Contre les dieux, le sort, et toute la nature.
Enfin sa douleur n'omit rien,
Si la douleur doit s'exprimer si bien.

Encore un autre mort faisait sa résidence
Non loin de ce tombeau, mais bien différemment,
Car il n'avait pour monument
Que le dessous d'une potence :
Pour exemple aux voleurs on l'avait là laissé.
Un soldat bien récompensé
Le gardait avec vigilance.
Il était dit par ordonnance
Que si d'autres voleurs, un parent, un ami,
L'enlevaient, le soldat nonchalant, endormi,
Remplirait aussitôt sa place.
C'était trop de sévérité :
Mais la publique utilité
Défendait que l'on fît au garde aucune grâce.

Pendant la nuit il vit aux fentes du tombeau
Briller quelque clarté, spectacle assez nouveau.
Curieux, il y court, entend de loin la dame
Remplissant l'air de ses clameurs.
Il entre, est étonné, demande à cette femme
Pourquoi ces cris, pourquoi ces pleurs,
Pourquoi cette triste musique,
Pourquoi cette maison noire et mélancolique.
Occupée à ses pleurs, à peine elle entendit
Toutes ces demandes frivoles.
Le mort pour elle y répondit :
Cet objet, sans autres paroles,
Disait assez par quel malheur
La dame s'enterrait ainsi toute vivante.
« Nous avons fait serment, ajouta la suivante,

De nous laisser mourir de faim et de douleur. »
Encor que le soldat fût mauvais orateur,
Il leur fit concevoir ce que c'est que la vie.
La dame cette fois eut de l'attention ;
Et déjà l'autre passion
Se trouvait un peu ralentie :
Le temps avait agi. « Si la foi du serment,
Poursuivit le soldat, vous défend l'aliment,
Voyez-moi manger seulement,
Vous n'en mourrez pas moins. » Un tel tempérament
Ne déplut pas aux deux femelles.
Conclusion, qu'il obtint d'elles
Une permission d'apporter son soupé :
Ce qu'il fit. Et l'esclave eut le cœur fort tenté
De renoncer dès lors à la cruelle envie
De tenir au mort compagnie.
« Madame, ce dit-elle, un penser m'est venu :
Qu'importe à votre époux que vous cessiez de vivre ?
Croyez-vous que lui-même il fût homme à vous suivre
Si par votre trépas vous l'aviez prévenu ?
Non, Madame ; il voudrait achever sa carrière.
La nôtre sera longue encor, si nous voulons.
Se faut-il, à vingt ans, enfermer dans la bière ?
Nous aurons tout loisir d'habiter ces maisons,
On ne meurt que trop tôt : qui nous presse ? attendons.
Quant à moi, je voudrais ne mourir que ridée.
Voulez-vous emporter vos appas chez les morts ?
Que vous servira-t-il d'en être regardée ?
Tantôt, en voyant les trésors
Dont le Ciel prit plaisir d'orner votre visage,
Je disais : « Hélas ! c'est dommage !
Nous-mêmes nous allons enterrer tout cela. »

À ce discours flatteur la dame s'éveilla.
Le dieu qui fait aimer prit son temps ; il tira
Deux traits de son carquois : de l'un il entama
Le soldat jusqu'au vif ; l'autre effleura la dame.
Jeune et belle, elle avait sous ses pleurs de l'éclat ;
Et des gens de goût délicat
Auraient bien pu l'aimer, et même étant leur femme.
Le garde en fut épris : les pleurs et la pitié,

Sorte d'amour ayant ses charmes,
Tout y fit : une belle, alors qu'elle est en larmes,
En est plus belle de moitié.
Voilà donc notre veuve écoutant la louange,
Poison qui de l'amour est le premier degré ;
La voilà qui trouve à son gré
Celui qui le lui donne. Il fait tant qu'elle mange ;
Il fait tant que de plaire, et se rend en effet
Plus digne d'être aimé que le mort le mieux fait ;
Il fait tant enfin qu'elle change ;
Et toujours par degrés, comme l'on peut penser,
De l'un à l'autre il fait cette femme passer :
Je ne le trouve pas étrange.
Elle écoute un amant, elle en fait un mari,
Le tout au nez du mort qu'elle avait tant chéri.
Pendant cette hyménée, un voleur se hasarde
D'enlever le dépôt commis aux soins du garde :
Il en entend le bruit, il y court à grands pas ;
Mais en vain : la chose était faite.
Il revient au tombeau conter son embarras,
Ne sachant où trouver retraite.
L'esclave alors lui dit, le voyant éperdu :
« L'on vous a pris votre pendu ?
Les lois ne vous feront, dites-vous, nulle grâce ?
Si Madame y consent, j'y remédierai bien.
Mettons notre mort en la place.
Les passants n'y connaîtront rien. »
La dame y consentit. Ô volages femelles !
La femme est toujours femme. Il en est qui sont belles ;
Il en est qui ne le sont pas :
S'il en était d'assez fidèles,
Elles auraient assez d'appas.
Prudes, vous vous devez défier de vos forces :
Ne vous vantez de rien. Si votre intention
Est de résister aux amorces,
La nôtre est bonne aussi : mais l'exécution
Nous trompe également ; témoin cette matrone.
Et, n'en déplaise au bon Pétrone,
Ce n'était pas un fait tellement merveilleux,
Qu'il en dût proposer l'exemple à nos neveux.
Cette veuve n'eut tort qu'au bruit qu'on lui vit faire,

Qu'au dessein de mourir, mal conçu, mal formé :
Car de mettre au patibulaire
Le corps d'un mari tant aimé,
Ce n'était pas peut-être une si grande affaire ;
Cela lui sauvait l'autre : et tout considéré,
Mieux vaut goujat debout qu'empereur enterré.

Les Oies du frère Philippe

Je dois trop au beau sexe, il me fait trop d'honneur
De lire ces récits, si tant est qu'il les lise.
Pourquoi non ? c'est assez qu'il condamne en son cœur
Celles qui font quelque sottise.
Ne peut-il pas, sans qu'il le dise,
Rire sous cape de ces tours,
Quelque aventure qu'il y trouve ?
S'ils sont faux, ce sont vains discours ;
S'ils sont vrais, il les désapprouve.
Irait-il après tout s'alarmer sans raison
Pour un peu de plaisanterie ?
Je craindrais bien plutôt que la cajolerie
Ne mît le feu dans la maison.
Chassez les soupirants, belles, souffrez mon livre :
Je réponds de vous corps pour corps.
Mais pourquoi les chasser ? ne saurait-on bien vivre
Qu'on ne s'enferme avec les morts ?
Le monde ne vous connaît guères,
S'il croit que les faveurs sont chez vous familières :
Non pas que les heureux amants
Soient ni phénix ni corbeaux blancs ;
Aussi ne sont-ce fourmilières.
Ce que mon livre en dit doit passer pour chansons.
J'ai servi des beautés de toutes les façons :
Qu'ai-je gagné ? Très peu de chose,
Rien. Je m'aviserais sur le tard d'être cause
Que la moindre de vous commît le moindre mal !
Contons, mais contons bien : c'est le point principal ;
C'est tout ; à cela près, censeurs, je vous conseille
De dormir, comme moi, sur l'une et l'autre oreille.

Censurez, tant qu'il vous plaira,
Méchants vers et phrases méchantes :
Mais pour bons tours, laissez-les là,
Ce sont choses indifférentes ;
Je n'y vois rien de périlleux.
Les mères, les maris, me prendront aux cheveux
Pour dix ou douze contes bleus !
Voyez un peu la belle affaire !
Ce que je n'ai pas fait, mon livre irait le faire ?
Beau sexe, vous pouvez le lire en sûreté.

Mais je voudrais m'être acquitté
De cette grâce par avance.
Que puis-je faire en récompense ?
Un conte où l'on va voir vos appas triompher
Nulle précaution ne les peut étouffer.
Vous auriez surpassé le printemps et l'aurore
Dans l'esprit d'un garçon, si, dès ses jeunes ans,
Outre l'éclat des cieux, et les beautés des champs,
Il eût vu les vôtres encore.
Aussi, dès qu'il les vit, il en sentit les coups,
Vous surpassâtes tout ; il n'eut d'yeux que pour vous ;
Il laissa les palais : enfin votre personne
Lui parut avoir plus d'attraits
Que n'en auraient, à beaucoup près,
Tous les joyaux de la Couronne.
On l'avait dès l'enfance élevé dans un bois.
Là, son unique compagnie
Consistait aux oiseaux ; leur aimable harmonie
Le désennuyait quelquefois.
Tout son plaisir était cet innocent ramage ;
Encor ne pouvait-il entendre leur langage.
En une école si sauvage
Son père l'amena dès ses plus tendres ans.
Il venait de perdre sa mère ;
Et le pauvre garçon ne connut la lumière
Qu'afin qu'il ignorât les gens.
Il ne s'en figura, pendant un fort long temps,
Point d'autres que les habitants
De cette forêt, c'est-à-dire
Que des loups, des oiseaux, enfin ce qui respire
Pour respirer sans plus, et ne songer à rien.

Ce qui porta son père à fuir tout entretien,
Ce furent deux raisons, ou mauvaises, ou bonnes :
L'une, la haine des personnes ;
L'autre, la crainte ; et, depuis qu'à ses yeux
Sa femme disparut, s'envolant dans les cieux,
Le monde lui fut odieux ;
Las d'y gémir et de s'y plaindre,
Et partout des plaintes ouïr,
Sa moitié le lui fit par son trépas haïr,
Et le reste des femmes craindre.
Il voulut être ermite, et destina son fils
À ce même genre de vie.
Ses biens aux pauvres départis,
Il s'en va seul, sans compagnie
Que celle de ce fils, qu'il portait dans ses bras :
Au fond d'une forêt il arrête ses pas.
(Cet homme s'appelait Philippe, dit l'histoire.)
Là, par un saint motif, et non par humeur noire,
Notre ermite nouveau cache avec très grand soin
Cent choses à l'enfant, ne lui dit, près ni loin,
Qu'il fût au monde aucune femme,
Aucuns désirs, aucun amour ;
Au progrès de ses ans réglant en ce séjour
La nourriture de son âme.
À cinq, il lui nomma des fleurs, des animaux,
L'entretint de petits oiseaux ;
Et, parmi ce discours aux enfants agréable,
Mêla des menaces du diable,
Lui dit qu'il était fait d'une étrange façon :
La crainte est aux enfants la première leçon.
Les dix ans expirés, matière plus profonde
Se mit sur le tapis : un peu de l'autre monde
Au jeune enfant fut révélé,
Et de la femme point parlé.
Vers quinze ans, lui fut enseigné,
Tout autant que l'on put, l'auteur de la nature,
Et rien touchant la créature :
Ce propos n'est alors déjà plus de saison
Pour ceux qu'au monde on veut soustraire ;
Telle idée en ce cas est fort peu nécessaire.

Quand ce fils eut vingt ans, son père trouva bon
De le mener à la ville prochaine.
Le vieillard, tout cassé, ne pouvait plus qu'à peine
Aller querir son vivre : et, lui mort, après tout,
Que ferait ce cher fils ? comment venir à bout
De subsister sans connaître personne ?
Les loups n'étaient pas gens qui donnassent l'aumône.
Il savait bien que le garçon
N'aurait de lui pour héritage
Qu'une besace et qu'un bâton :
C'était un étrange partage.
Le père à tout cela songeait sur ses vieux ans.
Au reste, il était peu de gens
Qui ne lui donnassent la miche.
Frère Philippe eût été riche
S'il l'eût voulu. Tous les petits enfants
Le connaissaient, et, du haut de leur tête
Ils criaient : « Apprêtez la quête !
Voilà frère Philippe. » Enfin dans la cité
Frère Philippe souhaité
Avait force dévots, de dévotes pas une,
Car il n'en voulait point avoir.
Sitôt qu'il crut son fils ferme dans son devoir,
Le pauvre homme le mène voir
Les gens de bien, et tente la fortune.
Ce ne fut qu'en pleurant qu'il exposa ce fils.

Voilà nos ermites partis ;
Ils vont à la cité, superbe, bien bâtie,
Et de tous objets assortie :
Le prince y faisait son séjour.
Le jeune homme, tombé des nues,
Demandait : « Qu'est-ce là ? — Ce sont des gens de cour.
— Et là ? — Ce sont palais. — Ici ? — Ce sont statues. »
Il considérait tout, quand de jeunes beautés
Aux yeux vifs, aux traits enchantés,
Passèrent devant lui. Dès lors nulle autre chose
Ne put ses regards attirer.
Adieu palais, adieu ce qu'il vient d'admirer :
Voici bien pis, et bien une autre cause
D'étonnement.
Ravi comme en extase à cet objet charmant,

« Qu'est-ce là, dit-il à son père,
Qui porte un si gentil habit ?
Comment l'appelle-t-on ? » Ce discours ne plut guère
Au bon vieillard, qui répondit :
« C'est un oiseau qui s'appelle oie.
— Ô l'agréable oiseau ! dit le fils plein de joie.

Oie, hélas ! chante un peu, que j'entende ta voix !
Peut-on point un peu te connaître ?
Mon père, je vous prie et mille et mille fois,
Menons-en une en notre bois,
J'aurai soin de la faire paître. »

Nicolas Lancret
« Les Oyes du frère Philippe »
in *Réimpression des belles collections*
de gravures du XVIIIe siècle,
Paris, J. Lemonnyer, 1883

TABLE DES MATIÈRES

Librio

622

Composition PCA
Achevé d'imprimer en France par Aubin
en août 2009 pour le compte de E.J.L.
87, quai Panhard-et-Levassor, 75013 Paris
Dépôt légal août 2009
1er dépôt légal dans la collection : janvier 2004
EAN 9782290332276

Diffusion France et étranger : Flammarion